做孩子想要的妈妈

涂翠珊——著

北京联合出版公司
Beijing United Publishing Co.,Ltd.

活在当下、享受自然、学习缓慢、回到简单

这本书记录了我从怀孕到孩子4岁之间的体会。

我想写下的是孩子教会我的事以及芬兰这个国家带给我的生命启发。

在芬兰育儿让我逐渐学习到教养可以很自然。这里的自然指的既是外在的大自然也是内在的自然，那是一种"回到本质"的状态。从观察、了解孩子开始看到事物的本质与自然天性，也许就会更懂得尊重孩子以及自己内心深处的那个小孩。

教养可以很自然，因为只要我们学会放下焦虑，将关注点放在孩子与自己身上，与孩子互相尊重，孩子就可以自然地做自己。

或许是因为在芬兰育儿的生活简单而自然，正好让我有机会重新体会这样的"本质"。也或许是芬兰的地理环境让人容易亲近自然，因此让人相信自然的才是最好的。怀孕时，我开始体会到只要能顺着身体的自然韵律而行，分娩也可以是美好的生命经验；孩子出生后，大自然成了最好的生活教室；幼儿园里，随着四季的变换，关于孩子天性的教育内容不断感动着我；带孩子参加各种活动，美感也常来自于自然环境的创意启发。

芬兰人教养孩子的方式就是自然地随着日常生活的节奏而行。音乐游戏课里的主题常呼应自然、老师尊重孩子的自然天性、交响乐团也顺着孩子的自然成长过程来安排节目内容。"自然至上"成为内化的价值观与行为实践，市面上甚至不常见到五花八门的育儿参考书籍。或许是因为只要能顺着自然的韵律养孩子，尊重每个孩子都是独立又不同的个体，就不用比较也不用焦虑，教养其实可以是件很自然的事。

然而，看似简单的道理常常最不容易做到。因为我就曾经是个容易焦虑又不懂得顺应自然的妈妈。尤其是当妈的头一年，我像是患了信息焦虑症

一样，把家里变成育儿书籍图书馆，甚至中、英、芬三语都有。我努力地想做"对"做"好"，却忘了这是件很不自然的事。因为妈妈和孩子一样都会犯错，在错误中重新学习成长本就是自然的一部分。于是我才开始学着放下书，学着以生命面对生命的姿态来认识自己与孩子，重新回归自然并相信生命的道理其实都在自然里。

我越来越相信无论是育儿还是生活，少既是多，简单自然就好。而教养孩子，其实就是一个回到自然的过程。

孩子教我"活在当下、享受自然、学习缓慢、回到简单"。虽然这些功课，我学得不够好，但是孩子会一遍又一遍地给妈妈机会，原谅妈妈所犯的错误，让妈妈得以跟他一起成长。教养孩子让我不断地重新认识自己，并学习做个更能顺应自然的人。孩子，原来是我们最好的导师。

育儿的同时，芬兰这个国家也不断带给我启发。我亲身体会他们如何以尊重为前提、以自然为导师来教育启发父母与孩子，同时也以行动落实。孩子，值得给他们"最好的"。

这里的"最好"指的不是物质上的丰裕而是心灵的向度与美感的体验。

在物质上，芬兰人会给孩子买二手用品和衣物，而在美感上，他们却坚持要给孩子最高质量的艺术与最真实的体验。比如给孩子的音乐必须是最好的。因为婴幼儿的听力是一生中最敏锐的时期，所以给孩子的乐器，必须发出最真实的声音。

可见这里的"最好"指的不是将孩子养在保护重重的象牙塔里，而是放手让他们去体验真实的世界，同时又为他们塑造启发想象力的环境。让每个孩子都可以从自然本性出发，相信自己、勇于尝试，从自然与生活中，自由创造属于他们的艺术与空间。

我相信，不同的环境与个体都能找到最适合自己的育儿方式与自然体会，只要我们都能学着让生活与育儿回到自然本质，生命就会展现出一番不一样的风景吧。

目录
CONTENTS

特别收录
育儿其实很有趣

Part 1

先改变自己，再教育孩子

别让"害怕"成为拒绝生命的理由

2012年回台期间，我与一位多年没见的好友相约。说来也巧，我与好友每次相约都是在人生不同的关键点上，每次聊天我们都会对那个年纪特有的主题进行深入探讨。十几二十岁时，我们畅想着爱情和人生，生命处于展翅之际，对话里充满着对未来的想象；三十出头，爱情随着人生际遇而持续，却有了更多关于工作与追寻自我的话题；如今接近不惑之年，对话主题则走向养生、生命与人生。

那天相约也是一样，短短一个半小时的时间，我们却有一场极富深度的对话。

那两年我刚刚生养小孩，好友则是新婚还未怀孕。于是对话就聚焦到怀孕、分娩与生命的体验上。还记得那天我说了许多，仿佛是心里有个声音自动结合了我所有的感觉与思考一倾而出似的。

犹记好友说了一句："好难想象你居然会当妈！"

同样的话，另一个好友也曾经说过。

是啊，年轻一点的时候，我大概也很难想象自己会当妈，一位高中好友曾对我说："你根本是标准的水瓶座！"水瓶座最爱自由，因此哪怕我勉强还算早婚，却迟迟不想生育，原因就是害怕失去自由。虽然觉得总有一天我会想体验生儿育女，但"那一天"却下意识地不断往后顺延，只因为"自己"是如此重要，有那么多的愿望有待实现，时间永远不够用，哪来多余的时间给新生命呢？

然而，当我真的成为一名母亲时才恍然醒悟：那个自以为是的"自己"和理所当然的"自由"，在生命面前原来没有我想象中的那么重要。

"坦白说，生完小孩的确会有一年半载的时间失去一些自由，但是收获也远远超过那些自由。从孩子满一岁半会走会跑开始，我在时间分配上的自由就越来越多了。"我对朋友说。

生养孩子与实现自我并不一定会冲突，虽然失去一些个人时间在所难免，但时间会随着孩子的成长而越来越多，当你发现有一天孩子不再需要你时，说不定还会怀念起孩子在婴儿期嗷嗷待哺的时光。

更重要的是，有了孩子之后我才开始有能力用更宽广的心来看待人生，很多原本我以为重要到无可比拟的事，回头看看就觉得并没有那么重要，以为非做不可的事，时过境迁后觉得不做也没什么可惜。然而有了孩子之后的生命收获，却在心头留下珍贵的人生印记，事情和愿望可以来来去去，孩子却是一辈子的珍宝与生命老师。

有孩子相伴的这三四年是我对"生命收获"感悟最多的时光，连我原本觉得无比重要的"自由"竟也可以暂时靠边站。原来，生命中真的有比自由更重要的事。因此，每当我听到朋友因为害怕失去自由而不生养小孩都觉得惋惜，仿佛看见从前的我。

我曾是个无比向往自由，并在自己的人生中多次以行动实现自由的人。我可以不在乎世俗的评价，只为了忠于自己心中的自由。因为自由，我可以独自提着两箱行李，一再搬迁；因为自由，我可以一再做出让人咋舌的人生决定；因为自由，我曾经结婚多年却没有生养小孩的欲望。如今，那个"自由价最高"的人，成了一个享受生养小孩的母亲，心甘情愿被"绑住"。这之间的转变如人饮水，若没有亲身体会，可能永远不会理解天下真的有比个人自由更美好的事。

"我还在犹豫，因为我和老公现在的生活很甜蜜愉快，我怕有了孩子后，这一切会有所改变。"朋友说。

是啊，新婚夫妻总希望保有二人世界的甜蜜，哪怕不是新婚夫妻，也有朋友因为很满意目前的生活而不希望生孩子，因为觉得没有改变的必要。别说别人了，我自己不也犹豫了七八个年头吗。我只能说，人生无论是甜蜜还是辛苦，总不会维持在同一个点上始终不变。哪怕没有生养孩子，两人世界也会随着时间的推进起伏上下，有孩子不见得会变好，也不见得会变差，但为了害怕改变而不生养孩子，那么真正害怕的其实并不是孩子本身，而是怕失去掌控啊！

然而，那些不可预期的、可能超乎我们个人力量的改变，无论你想或不想，总是会一直发生，如果只是由于害怕改变而做某个决定，那些努力要维持不变的，总有一天也还是会改变。

"还有，我很怕痛啊！"朋友这么说。

我笑了，这不是在说我吗！从小我就是个超怕痛的人，一直不想生小孩还有个原因，就是怕痛！记得在高中的一堂生理卫生课上，老师播放了关于女性分娩的影片，走出教室时，同学们都面如死灰地沉默着。我更是立刻决定不要生小孩了！当时的同学们，后来一个个成了妈，而我则始终在脑海里记得那些可怕的镜头，完全没有想当妈的欲望。有人说，如果怕痛你可以选择剖腹产啊！拜托，这只是先痛和后痛的差别而已！

直到我自然分娩产下宝宝时，才知道自己又被自以为是的想法"绑"了好多年。说来幸运，这一切都归功于在我准备分娩的那段日子里，学习到了关于分娩的正确知识，扭转了一些被视为理所当然的观念，包括"痛"的观念，并因此得到了一个完全自然的、不痛的产程。

当然，能够自然分娩已是一种幸运。我知道不是每个想自然分娩的妈妈都能如此顺利。当我生完小孩发现居然不痛时，既感谢这样的幸运，也在心底嘲笑自己的愚昧！自以为是的害怕与痛，从高中起就影响着我对生小孩的决定，原来这全是我的偏见与想象。那么人生中还有多少事，都是因为我们自以为是的偏见与想象而被限制住呢？

人生有许多事总是跟我们想象的不一样。哪怕别人的例子里十之八九是如此，轮到自己身上也可能刚好是一个例外。

我从工作到生宝宝都奇妙地成了"幸运的例外"，原本以为的"不好"，常在亲身体验后发现它的"好"。似乎每一个人生体验，包括自我实现与生养小孩，都在不断打开我们的世界，打破自以为是的想象和那个自以为很重要的自我。但愿我能不断地在人生中提醒自己，让所有的这些经验教给我智慧。

"你真的很有说服力，我已经在书店里翻起关于怀孕分娩的书了。"那晚，好友在信件中跟我说。

我笑了。其实，我不敢去说服别人生小孩，毕竟每个人都有自己的主客观因素要考量。我的育儿经验愉快，也不敢保证别人一定如此。但我承认，对我而言，收获与甜蜜远多于辛苦的部分，所以对于跟我心灵相通的好友，如果她们正处于犹豫要不要生养孩子的时期，我总是很乐于分享自己的体验，鼓励朋友勇敢尝试，不要想太多。

当然，不是每个人都非生小孩不可，每个人有自己的想法与追求，只是我多么不愿意看到好朋友们会因为"害怕改变""想象中的辛苦与痛""失去自由"等与我当年一模一样的理由而做出不生养小孩的决定。

不生养小孩，有时是不得已，有时也许是好决定。然而只是因为害怕而做出的人生决定，无论理由是什么，通常没有真正的道理可言。而在生养小孩这件事上，我所听到的拒绝理由，大多数都包含了各种缘由的害怕。

也许，这才是我真正想说的话。

谨以此文，献给所有在人生路上犹豫不决的朋友们，无论那个犹豫是生养孩子还是其他的人生决定。真心希望所有的人都能克服心中的无名恐惧，做出让生命丰实平安的选择。

这样的选择会是一个祝福。

怀孕，体验生命的蜕变

我在人生的第37个年头才成为母亲。

那个秋日，在宝宝出生前的两个月，我看着圆滚滚的肚子，欣赏着入秋中的芬兰景致。逐渐减少的日照使阳光变得珍贵，森林开始披上五彩颜色，地上开始覆满红叶，秋日的野生蘑菇开始以"雨后秋菇"的速度冒出。美丽的秋日大地正准备迎接我的宝宝诞生。

从初春到秋末，感受着肚子里的生命。萌芽、成长、律动，这个生命进行式，一路走来让我不断赞叹，感觉身心正在孕育一场奇妙的旅行。

放弃控制，相信身体与自然的智慧

怀孕本身是件很奇妙的事，跟我想象的完全不一样！

没有怀孕前只听说怀孕初期会孕吐，中期比较舒服，后期肚子很重等笼统的概念。自己怀孕后才发现，这些描述实在是太简化也太片面了。

每一个女人的身体状况都不同，每一个孕育中的胎儿也都独一无二，没有什么"一定"会如何。如果让我用最简短的方式来形容，也许可以说，怀孕之前我自以为对身体有足够的了解，知道自己能吃什么、能做什么、能走多远，可以一定程度地掌控自己的生活作息。怀孕之后就不同了，尤其是孕初期，每一天都在改变，今天想吃葡萄，隔天就突然吃不下；几周前还疲累昏睡无食欲，几周后就状况全消，能吃能睡精神好。好像身体有它自己的韵律，并不在我的掌控之中。

最让我赞叹的是身体调适的能力。尽管孕期偶尔会有一些正常的小不适，但是身体一直在努力调适。有些不适来了就走，有些可能会重复出现，我也因此学会相信，身体总会找到最适合的方式孕育腹中的新生命。

孕程，有如驾着一条小舟在大海上航行。尽管我努力学习驾驭小舟，为自己补充体力与粮食并适时休息放松，却仍然需要尊重自然、顺着大海的韵律与波浪起伏才能航行到目的地。就某种程度来说，就是必须让习惯于控制身体的头脑"放手"，学着相信身体本能的智慧与自然的奥妙。

怀孕不再只是怀孕，而是一场奇妙的生命功课，让人不得不学着放下习以为常的思考模式与操控身体的习惯，重新体会并尊重自然的原始力量。

年轻时，想到"自然分娩"就觉得害怕，而想象中的害怕总在生命中的许多境地里成为自我的制约与桎梏。怀孕这件事再度提醒了我，原来自己对从未体验过事物有那么多的成见和自以为是的恐惧。

孕程让我逐渐解开更多心结，让自己的视野和心境更加广阔。

怀孕的过程，让人打破思考的框架

以产检来说，台北与芬兰的习惯和做法不同，孰优孰劣没有一定的标准，全依各人需求而定。我却从中发现，看事情的角度其实可以有很多种。

例如，在台北每个产妇大都由固定的医生进行产检与接生。在芬兰一般孕程与产程进展顺利的孕妇，都是由助产士接生，除非有特殊的状况，不然从头到尾，除了前、中、后期的三次例行内诊外不会见到医生。事实上，不要见到医生最好，这表示一切顺利，不需要医疗上的协助或干预。而接生的助产士是谁，事先也不知道，分娩当天去医院时，轮到谁就是谁，产程久的人也许助产士连换好几班也说不定。

孕初期时，我坚信回台北分娩会是最好的选择。不仅坐月子方便，还有固定医生可以产检。然而在孕程中，我的想法逐渐改变了，尽管"碰到什么样的助产士要凭运气"这点仍然让我犹疑，不过就其他层面来说，我倒开始喜欢这里崇尚自然的想法和做法。

举个例子，在芬兰，各医院的分娩政策与措施不同，一般而言都鼓励产妇自备帮助放松的音乐CD前往医院待产，产房里通常有帮助放松的瑜伽球，有的医院还提供按摩澡盆给有需要的产妇轮流使用。所有医院都尽可能鼓励产妇自然分娩，不必要的话绝不选择剖腹产，当然也没有所谓选择特定时间进行剖腹产这回事。

此外，我刚怀孕时还听有经验的朋友说，在台北，为了帮助胎儿快速娩出，分娩时几乎一定会侧切。然而芬兰却倾向让会阴自然裂开，虽然这听起来很可怕，我因此怕了好一阵子，心想这民族也太野蛮了吧，万一裂到不该裂的地方或裂得很丑怎么办呢？后来，当我对自然分娩有更正确的了解后，才知道原来会阴不见得会裂，也不是每个女性都需要"那一刀"的帮助，此时我才理解芬兰医生尽量不侧切的做法。

而我自己对于"分娩"的想法，在怀孕过程中也逐渐产生很多变化。最大的变化就是我逐渐从"百分之百相信医护人员"的角度转而学会相信"自然之母以及自己身体"的角度。在这样的角度下，我不再依赖过往的印象，例如分娩一定很痛、会阴一定要剪，而是反过来从自己出发，试着了解自我身心的联结如何影响产程。这时，我才发现了一片更宽广的天空。

原来分娩不一定要痛；"拉梅兹"不是唯一的呼吸法；照不照超声波、打不打疫苗、分娩要怎么生都可以选择；生小孩也不一定非要在医院生，虽然芬兰的多数产妇仍前往医院分娩，但是在英国、荷兰等国家，一些妈妈会选择在家中分娩。对于那些孕期健康、有适当准备、有整体照护系统、能配合助产士的产妇来说，在家分娩也是不错的选择。

作为一个在芬兰怀孕、待产、分娩的妈妈，一点一滴的感受与观察让我逐渐体会到在这一场生命之旅中，我不仅孕育了一个小生命，更让自己也仿若蜕变重生。

也许，当我们终于能放下一些成见，将怀孕分娩视为一个生命中的自然旅程，同时敞开心扉去体会时，才能更接近生命的本质。

"颠覆想象"的产检体验

芬兰人常将第一次产检安排在胎儿满9周左右，此时大多数胎儿已有明显心跳，能更好地确认怀孕状态。我一直以为产检就是检查准妈妈的身体，没想到护士做的第一件事是询问我和老公的饮食习惯和生活习惯，这一问就将近一小时！

产检变成了"一小时咨询"

护士先问我们是否有喝酒、抽烟、吸毒的习惯，接着谈到家族性的过敏史和病史、饮食上的建议以及这个城市对于初产妇在孕期中提供的超声波、疫苗信息等。

"先生的工作状况呢？是否与你在同一个城市工作？"护士问。

"在隔邻小镇，车程一小时而已。"

"那就好！"护士想确认孕妈妈是否有先生的陪伴与支援。

聊了50分钟后，护士才带我们去照简单的超声波。

"你看，在那里！心跳非常强啊！"我随着她的指示望向荧幕上那个跳动的小亮点，心中感动莫名。一个小生命，真的在肚子里开始成长了。

然而一个小时的产检中，身体检查居然只有最后10分钟！产检的第一步原来是要确认准父母的身体与生活状况，用以确定准父母是否能互相支持迎接宝宝，万一遇到无人陪伴的妈妈，医院可以尽早发现并提供相关协助。

准爸爸甚至拿到一份属于爸爸的信息手册，专门教他调适从孕期开始转变的夫妻关系。

爸爸居然也有怀孕月历

产检和婴幼儿相关的咨询协助都由遍布芬兰各大小镇的"妈妈宝宝咨询中心"负责。每一个城市通常都有好几个咨询中心,以便就近为孕妈妈提供服务。我们去的咨询中心的走廊上陈列了不少手册供大家自由索取,其中一份是免费赠送的"怀孕月历",里面有胎儿在母体内每周平均成长状况以及本周妈妈身体可能发生的改变。

怀孕月历正面给准妈妈使用,反面竟是为准爸爸准备的。准爸爸月历上印有每周胎儿发展的"精简版",以及准妈妈此时的身心变化,并提醒准爸爸应该提供的协助与支持,还选了不少关于宝宝的芬兰诗歌,用文学"精神食粮"帮助准爸爸培养迎接宝宝的心情。

①——怀孕月历,一面妈妈用,一面爸爸用
②——爸爸的怀孕月历内页有芬兰诗歌选集,为爸爸培养育儿心情

超声波,照不照都可以

在芬兰产检,正式的超声波只会照两次。第一次是怀孕12周前后,主要看宝宝的后颈厚度,配合血液检查来推测基因遗传相关疾病的可能性,并依此决定是否建议做羊膜穿刺。如果评估异常的比例不高,就算是高龄产妇也

不见得需要做羊膜穿刺。第二次照超声波则是在怀孕22～25周左右，主要看胎儿身体结构，也就是我们常说的"四维彩超"。

护士说第二次的超声波比较重要，可以实际看到胎儿的肢体和器官生长状况，若有问题可以提早准备需要的支援，至于第一次的后颈厚度超声波，其实不想照也没关系，因为所有的检验都是概率问题，就算过厚也不见得有问题，看起来正常也不能保证一定健康，超声波的结果只是参考而已。

原来，没什么是"非如何不可"的呢。

孕期不照超声波，只靠护士的一双手

大家可能会好奇，如果孕程中不定期照超声波，怎么知道胎儿的大小呢？说来神奇，芬兰对胎儿的估重都由受过专业训练的护士负责，他们都是用"摸"的！每次产检估重都会用软尺量准妈妈的肚围，再通过用手摸，最终估算出胎儿大小。

从怀孕到分娩，见到医生的机会只有前、中、后期各一次内诊，最后一次内诊时，医生也会以手感来评估产道是否足以让胎儿通过，到医院分娩时，助产士也会负责用手来评估胎儿能否通过产道。

此外，孕期中负责孕妇内诊的医生都是普通科室的医生，并不是专业的妇产科医生，因为芬兰医学界认为孕妇的基本内诊一般医生就可以做，除非有特殊状况，才会转大医院由妇产科医生接手，当时我觉得在台湾待产的妈妈从头到尾都有妇产科医生服务，真是一种"奢侈"啊！

一开始，我对这种从头到尾都由护士检查、由助产士接生的制度也有些不安，不过习惯后就觉得，整个孕期尽可能由同一个护士检查准妈妈和t儿的状况，既有亲切感，也体现了"孕妇并不是病人"的观念，既然没有特殊的需要，就不必一直照超声波、看医生，或许这也是制度背后的一层意义。

当然，这样的制度也有缺点。对于少数需要医疗介入的孕妇，如果不能不定期照超声波，无论是准妈妈还是胎儿都是有一定危险的。所以制度各有优劣，没有绝对的好坏。

生男生女？不告诉你

在台北，照超声波看生男生女似乎是很平常的事，这里就不同了。并不是所有芬兰准妈妈都知道肚子里是男是女，有时是看不出来，有时是不想知道，也有时是医护人员不肯说。这一点似乎跟居住城市的医院政策以及负责照超声波的护士有关。

我怀孕不久，同事就开始帮我做心理建设："照超声波时，助产士不一定会告诉你答案哦！这个城市很多朋友都有这样的经验。轮到我产检的时候，我等护士把该检查的都检查完后，有技巧地问了一下，结果她面露不悦。虽然告知了答案，但还是说她不敢保证。"

因此，照孕期第二次超声波时，我抱着知不知道都无所谓的心态。没想到最后竟然是助产士主动问我："你想不想看两腿中间？"超声波一放大聚焦，助产士还很幽默地问我："你知道那是什么吗？"让我们夫妻俩听了大笑。这个经历也让我学到一件事：很多事情事先听说跟实际经历的不会完全一样。就像这回，同事们信誓旦旦地列举前人经验，好心提醒我不要太早问这个问题，结果我竟然碰到一位主动要告诉我的可爱助产士！

疫苗原来可以自己决定打不打

在芬兰，婴幼儿要接种的疫苗比台北少很多，一些台北常规性的疫苗，例如B型肝炎、日本脑炎、水痘疫苗等，在芬兰并不会要求接种。

在台北，婴儿刚出生几天内就要接种的卡介苗，在芬兰由于已经几乎没有肺结核的案例，加上早年疫苗曾被发现可能对某些婴儿造成严重副作用，全盘考量之下，就从疫苗计划中移除了。唯一例外是父母若有任何一方来自疫区，就可以选择是否要让孩子接种卡介苗。

分娩后，在孩子出院前两小时，小儿科医生先为他做完出院前检查，接着和护士一起询问我们夫妻想不想打卡介苗？同时，还拿了一份长达两三页的卡介苗疫苗介绍给我们，内容包括疫苗效益介绍、可能的副作用、严重副作用的比例等。医生说："所有疫苗都有利弊和可能的副作用。如果你们会在台北长住一个月以上，这支疫苗应该是利多于弊，但是否接种还是要你们自己决定哦。"医生与护士尊重父母决定权的态度，让我印象深刻。

产检关键："投资父母"与"尊重个体"

在芬兰产检的整体经验让我觉得，她们从产检开始就把关心的焦点与时间"投资"在准父母身上。因为，有快乐健康的父母与和谐的家庭，初生婴儿才有好的成长环境。此外，她们对个体选择的尊重也呈现在每一个方面，包括是否照超声波、是否打疫苗等等。

尽管台北与芬兰的文化与医疗环境制度不同，但我认为"投资父母"和"尊重"应该是值得思考的关键，当父母亲的需求被照顾到、当孕妇产妇能尊重专业判断、专业人士也能尊重个体的不同需求时，无论在哪里，怀孕与分娩都可以成为美好的体验，出生的孩子也会有来自社会与家庭最好的后盾。这是芬兰的产检过程，教会我的事。

牙齿检查是产检的重要一环

怀孕中期，我和老公一起去市立牙科医院检查牙齿。在芬兰，一次免费的牙齿检查是城市提供给新手准父母的福利之一。好玩的是，明明怀孕的是妈妈，爸爸也要一起检查。我猜想，这应该是要借此了解父母的刷牙习惯，因为这一定会影响孩子的牙齿照护。

总共一个小时的看牙时间，对我来说又是一次惊奇的体验。

看牙是其次，咨询讲解才是重点

走进检查室，我第一个反应就是要坐上检查椅，牙科护士却指着一旁的沙发说："来，请你们两个先坐这里。"接着，她开始询问我们的个人过往病史、是否有任何食物或药物过敏、我的预产期以及我们的生活习惯（如是否抽烟等）。基本资料齐备后，她坐到我们身边来，开始为我们慢慢讲解牙齿为什么会蛀牙。咦，我不是来检查牙齿的吗，怎么变成牙齿保健课了？生平第一次，在检查牙齿时有人像上课一样解释蛀牙的原因给我听，然后教我们预防和保健的方法。"牙齿保健课"上完后，牙科护士又开始讲解如何照顾宝宝的牙齿。

"你们应该已经收到社会福利局发送的'妈妈盒'了吧？"我们点头。

"妈妈盒里有附这支婴儿牙刷。"她拿出婴儿牙刷现场示范。

"尾端圆圆的这一头，在乳牙长出来之前，可以用来按摩宝宝的牙床，牙齿长出来后，则用牙刷另一端帮宝宝清洁牙齿。按摩牙床，当然不是一出生就开始。"她接着讲解宝宝一般几个月大开始长牙，以及如何判断宝宝是否快要长牙。接着，她给我们看了两种不同尺寸的奶嘴。

"等宝宝不再需要全乳哺育，却仍渴望吸吮时可以考虑使用奶嘴，不过在哺育母乳的最初期如非必要不建议使用奶嘴或奶瓶，以免混淆宝宝吸吮母乳的感受。"她也提醒我们，买奶嘴要注意尺寸大小。然后牙科护士又再次确认："你们夫妻都不抽烟，这样最好。孕期抽完烟后尼古丁还会停留在肺里两个小时，肚子里的宝宝会一直吸到，这样对他不好。"

牙齿卫生教育新知还包括"给爷爷奶奶的咨询"

牙科护士特别提醒我们不要跟小婴儿有口对口的口腔接触："亲吻小宝宝当然很棒，但是不要去亲宝宝的嘴；喂食的时候不要跟大人用同一支勺匙。"她说有些妈妈会不小心忘记，比如温热婴儿食品后，先用小勺子尝尝烫不烫，并继续用同一支勺子喂宝宝。"一定要换勺子，怕忘记的话，就不要把小勺子放进嘴里试温，而是沾一点放在手背上试温。"这是因为父母口腔里的细菌会经由亲吻或喂食器具直接传给小宝宝，虽然不会有症状，但是从此小宝宝的口腔里就多了一些原本没有的细菌，也会提高将来蛀牙的概率。

然后她问："宝宝的爷爷奶奶、外公外婆会常来看望他吗？"芬兰新的研究结果显示，上一代的父母在养孩子时并没有这些观念，所以和长辈沟通也很重要，希望她们也学到正确的牙齿保健常识，不要与宝宝口对口接触。

她特别给我们一份专门给爷爷奶奶看的资料。因为知识来自牙医而非孩子的父母，这对长辈来说更有说服力，父母也不会难以启齿。没想到芬兰人也会在产检中顾及两代之间的观念差异并给予协助，这点让我既惊讶又肯定。护健士也给了我们一份如何照顾宝宝牙齿的资料，让我们回家"复习"。

"宝宝牙齿如果有任何问题，欢迎随时打电话问我们！"她笑着说。

就这样，问答讨论之间，整整半小时的看诊，都在上一对二的"牙齿保健课"，最后才是看牙。

看牙不洗牙，重视牙齿的日常生活保健

孕期中的看牙体验也与平常不同。通常，定期检查牙齿时，牙医都会顺便洗牙，边洗边检查牙齿与牙龈的状况。而这次牙科护士在给孕期准父母做牙齿健康检查时并不清洗牙齿，只检查有无问题，若需要进一步的清洁或治疗（例如清理牙结石或补蛀牙）则需要另外预约牙医。所以，我们夫妻俩的检查都很快就结束了。

牙科护士非常关心我们平常的刷牙习惯，连我用什么牌子的牙膏、漱口水都详细询问。而我也因此才知道原来我从药房买来的漱口水虽然是个好牌子却不适合经常使用，只能在孕期牙龈浮肿时用，其他时候用超市买的普通牙膏和漱口水就好。牙科护士还给了我很多孕期护理牙齿的建议，并向我们示范了正确使用牙线的方法。轮到我检查牙齿时，由于孕妇大肚子仰躺的姿势不太舒服，她还很体贴地拿了一个枕头侧放在我的腰下帮助支撑我的姿势，也方便检查我的牙齿。

这次牙齿健康检查的体验跟我在芬兰产检的经验相当吻合。犹记第一次产检，妈妈宝宝中心的护士说要预留一个小时的检查时间，我也以为是要做多么详尽的身体检查，后来才发现，她们真正想详细了解的其实是父母与家庭的生活状况，这些都会深深影响孩子的成长。

我不断在这些过程中体会到孕妇本来就不是病人，无论是产检或是牙齿检查，学习正确的卫教观念与身体健康同等重要。其实，就"预防胜于治疗"这一点来说，我一直觉得芬兰还有很多进步的空间，不过若光以孕期的健康检查体验而言，她们确实特别重视"预防胜于治疗"，不知是否因为事关下一代，所以芬兰人才更加重视？她们仿佛相信，要孩子健康成长的第一步要先从"照顾并教育父母"做起，仔细想想，其中实有深意啊。

在产房里感受尊重
——我的"不痛"自然分娩

整个孕程中给我最大震撼的当然是分娩过程本身。我指的不是分娩这件事，而是整个过程中我感觉到的被尊重的感觉。这种尊重无论从分娩方式还是细微到分娩姿势都能体会到。我们先从分娩方式说起。

越放松，越不痛

我是个怕痛的人。怀孕期间，我看到一本叫《催眠分娩》（*Hypno Birthing*）的书。这是美国人Marie Mongan在20年前所创造的一种分娩方式，源自于英国20世纪初一位产科医生迪克-利德的亲身体验。他发现一些劳工阶级的妇女在分娩时完全不需要任何止痛剂，甚至不明白为什么需要，于是他在经验比对中发现越能放松看待分娩的妇女，越不容易感觉疼痛。有趣的是，通常知识教育程度越高的妇女在产程中感到疼痛的比例也越高。这也许是因为在社会化与知识追求的过程中，她们接收到更多"分娩就是疼痛"的暗示，同时也与身体较为疏离。催眠分娩实际上是一种概念，而不是真的有人站在一旁催眠产妇。让准妈妈理解分娩是件自然的事，如同动物的本能一样。通过学习放松与呼吸技巧，用想象力与潜意识给予身心正面且积极的力量，让母亲更能顺从身体的本能与直觉。

我知道，我们不能提那个字

破水的那天早上，我们来到医院，一位助产士帮助我们量胎心音、验血。依照《催眠分娩》中学到的原则，我也在此时将准备好的"分娩计划书"交给助产士。巧的是，这位助产士艾妮亚曾在研讨会上听过"催眠分娩"理论，她拿着我的"分娩计划书"看了一下说："嗯，很重要的一点是不可以对产妇说到'痛'这个字。"我们忍不住笑了。的确，请产妇照护人员不要给产妇"痛"的暗示是"催眠分娩"强调的重点之一。

艾妮亚正好是助产士长，她当场把我的"分娩计划书"复印好几份，答应会交给所有跟我接触的助产士。半小时后，我的子宫颈开了一厘米。从腹部超声波看来，胎儿大约有三千克，已发育成熟。接着助产士刺破羊膜，"我们要加速产程，刺激你开始宫缩，你要留在医院待产，如果破水24小时后，产程还没有自然开始，就会使用人工协助。"芬兰尽可能崇尚自然，不会太快动用人工催生，这也正是我的期望，至少我还有十几个小时的时间，让我的身体开始自然的产程。

带我前往待产室的护士问我，"你有没有一点宫缩的感觉呢？我知道，我不能说那个字。"我笑了，这些护士真的很可爱啊，尽管她们大部分人从未听说过"催眠分娩"，但是她们愿意花几分钟了解基本的概念、尽可能尊重我的要求与希望。这让初次分娩的我心里就多了一份安心与笃定。

放松迎接身体的自然反应，就真的不痛

十一点左右，我上床睡觉。不知从什么时候起，我感觉到腹部深处开始袭来一阵阵的紧缩感，像海浪一样，我无法控制它，只能接受。痛吗？坦白说，那不是怕痛的我定义中的"痛"，但那的确是非常强烈的身体反应，每当它袭来时，我会忍不住全身紧绷，甚至会不自觉地憋住呼吸，仿佛需要使用全身的力道才能迎接它。然而在当下，我的心是狂喜的！因为我知道宫缩开始了！此时子宫正努力把宝宝一步步地往下推，每收缩一次，宝宝就更接近我一步，我为这造物主奥妙的设计感动得流泪。我知道自己越放松，子宫越能自然进行它天生就会的工作。因为放松又信任自己的身体，尽管是高龄初产妇，我的子宫颈竟然在三小时内就从一指开到七指。

分娩姿势可以自己选

护士们也吓了一大跳，匆忙把我推进产房。产房是一个独立的大房间，墙上挂着让人心怡的美丽图画，房内有不同的椅子可供准妈妈尝试不同的坐姿，寻找最舒服的分娩姿势。当时我急着请护士帮忙查看老公是否已经赶到医院等候区。我被紧急推进产房时，忘记带手机，分娩时想听的音乐都录在里面，助产士很贴心地请护士回房间帮我拿手机。她们尽全力地协助并尊重我的分娩期望，半小时内我就十指全开，并且感觉到腹中一股往下的压力，我知道胎儿要出来了。助产士让我自己尝试，找到最舒服的分娩姿势。我和老公一起试了原本想尝试的坐姿、站姿、蹲姿，最后决定采用侧躺，由老公扶起我的一只脚，帮助胎儿通关。

尊重与贴心的产后服务

半小时后，孩子诞生了。因为分娩过程中，胎儿曾卡在产道中一小段时间，加上我一用力推挤就不由自主地闭气，导致胎儿有点缺氧，因此宝宝一出生就被带去加护中心。还好他很快就恢复了正常呼吸，但还是因为早产了几天导致血糖偏低，被留在加护中心补充营养。助产士因此特别来探望我，安抚我的心情，关心我是否一切都好。产后由于孩子在加护中心待了一周，我的奶水又不足，出院时医院还特别借我医疗等级的挤奶器，让我带回家使用，而且完全免费。在妈妈奶水不足的情况下，孩子在加护中心喝的也是别的妈妈捐赠给医院的母奶，让我深深感觉到他们的用心与体贴。

就在这种人性的温柔与尊重之下，我经历了年轻时想都不敢想的自然分娩。这样的分娩体验让我深刻感受到什么是"尊重"。当专业人士与准父母之间彼此认真沟通、互相尊重，当自己也能尊重身体的声音以及孩子的步调，分娩就可以是美好的经验，同时也有机会"不痛"。

这样的温柔与尊重永远留在了我的心中。与孩子共同的新生活，就从这里开始。

Part 2

慢下来，让孩子自由成长

大自然就是最好的教室

　　在芬兰这个树比人多的国家里养小孩，我们全家最常做的活动就是到大自然里散步。有时是让孩子在人行道旁的草地上摘一朵蒲公英玩；有时是在公寓前的森林小径蹲下来观察一群蚂蚁；有时是看到没见过的树叶，摘一片来尝尝味道；有时是从地上捧起一把沙、一颗石头来观察。同样的森林步道，每一天都不会完全相同，当然也没有玩腻的时候。

　　阿雷还小的时候，只是单纯地享受在自然中跑跳、观察、触摸、嗅闻的乐趣。到了三岁多，认知能力增强之后，他就开始自然而然地从自然中学习知识、辨识植物、认识野草。每当我看着他忘我地徜徉在自然中时，就忍不住觉得大自然真的是最好的教育启蒙，一切就从自然中开始。

观察青蛙卵就是生命教育

　　春天时，孩子爸爸在家附近的森林小水沟中发现了青蛙卵，于是每天晚餐后的森林散步都是去看青蛙卵成长到什么阶段。看它们从一整片青蛙卵变成一只只小蝌蚪，就是生命的惊奇。阿雷虽然看得起劲，却也会因为好奇而想用树枝去碰触青蛙卵，此时我们总会告诉他：不可以伤害青蛙卵和小蝌蚪。我们希望他从青蛙卵开始学习尊重其他物种与生命。

　　有时我们会开车到离家几公里外的自然保护区里散步。其中一块保护区倒了特别多树木，阿雷好奇地问树木为什么会倒下，爸爸便从地形、风向、树种来解释一棵树从生到死可能发生的一些状况。

　　孩子懂了多少我们不知道，但看到他在倒下的树干边爬上爬下，在被掀起的树根旁仔细观察，甚至在听完爸爸的解释后一遍又一遍地想象"树被风吹倒"的样子时，我们知道他对自然的体会与兴趣已经在潜移默化中发生。

春天的芬兰到处都是蒲公英，阿雷每次出门一定要采一些蒲公英拿在手上吹着玩。有一回，我正在书店找关于芬兰野生植物的书，他顺手拿了一本介绍植物的童书，找到蒲公英那一页指给我看："妈妈你看，蒲公英!"小小的举动却让我满心欢喜，因为我看见他对自然的兴趣已经从生活延伸到书本中，他会自己寻找比对了。

在生活中建立与自然的关系

今夏，我与自然的关系也更进一步，开始认识大自然中可食用的野草并实地采集。我常带着阿雷去采野地里随处可见的营养价值比菠菜还高的荨麻叶。现在他一听到要采荨麻叶当午餐就会兴奋地跟过来帮忙。"从产地到餐桌"竟成了芬兰夏日的具体实践。而我真心希望，孩子从小就可以从生活中学到自然如何带给他丰厚的供给，而他也应该反馈自然以感谢与尊重。

事实上，阿雷第一次认识荨麻叶不是从食材上，而是走在森林里时正好被荨麻叶扎到，这又痛又痒的感觉，让他从此认识了荨麻叶。

自然，教他认识到了小心"危险"的植物，然而也教会他，会扎人的危险东西同时也可能是美味的食物。阿雷与自然之间的关系就在生活经验中慢慢建立起来。

有一次我带阿雷去森林时，阿雷流鼻涕了，而我们却没带卫生纸，爸爸马上从路边捡了一片车前草替代。

"这比卫生纸还好，可以顺便消炎呢!"芬兰人都知道车前草是最好的天然止血消炎药。

从此之后，阿雷就认识了车前草，甚至从爸爸那里学会万一自己一个人在野外不小心受伤，该如何将车前草的叶片揉搓出黏液，覆盖在伤口上。阿雷当场示范如何用车前草为想象中的伤口消炎舒缓，懂得辨识野外植物，等同于上了一堂野外求生课。而采车前草来消炎这件事，当然又变成一路玩不厌的想象游戏。

在湖边森林学做一只蜂

还有一回，我们在湖边森林散步，突然见到地上有很多小洞，观察了半天才发现这是一种蜂筑造的巢穴，偶尔还会见到一只蜂从里头钻出来再钻进去。孩子的爸爸引导他观察后，接下来的一个小时阿雷都假装自己是蜂，在林间草地上滚来滚去，从想象出的洞里钻进钻出。

家母当时正好来访，在旁边看到这番景象感慨地说："孩子果然不需要买太多玩具，带他到大自然里就玩不完了！"可不是吗？玩具本身没什么不好，有些玩具可以帮助启发孩子的创造力与想象力，我们也喜欢买些建构式的玩具，如乐高积木或是小男生最爱的小车子给他玩。只是我越来越觉得，最自然也最实用的生活教育就是走到自然里认识植物、动物，学习了解与动植物之间的关系。孩子不仅永远不会玩到厌烦，还能更好地增长知识。

在自然里，孩子会本能地打开所有感官去接触、了解世界。现在的他，看到路边开满一片德国洋甘菊就会冲进去闻，看到野生蓝莓和草莓也会钻进去采来吃。自然，就是生活的一部分。

带孩子走进自然，从父母开始

芬兰森林多且气候干燥，孩子即使玩得满身泥巴，身上的沙土也很容易拍掉或风干。在接近大自然这件事上有得天独厚的优势。相较之下，台北气候潮湿，衣服清洁上需要更费心思，父母带孩子接触自然的阻碍也较多。

然而，仍有很多父母努力克服困难，带孩子深入接触自然。由此可见，无论身在何处，只要父母热爱自然，喜欢带孩子走进大自然，孩子就会逐渐在耳濡目染中爱上自然。至少，我从阿雷身上看到不断带他走进森林的结果，不仅让他酷爱自然，还让他不断地学习、成长。

有时间就多带孩子走进大自然吧。自然就是最好的生命教室，观察树叶、昆虫、花朵等，会让孩子从生活经验中知道自然里处处是惊奇。光是在自然中奔跑走跳，就是个永远玩不倦的游戏。

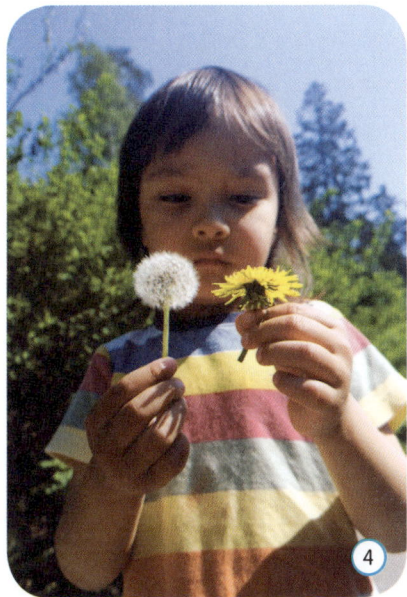

1 —— 给妈妈示范车前草怎么用

2 —— 岩石上的地衣，摸摸看

3 —— 拥抱大树是什么感觉

4 —— 夏天一定要玩蒲公英

育儿其实很有趣：
变身完美父母的九个秘诀

芬兰"曼纳海姆儿童保护协会"（MLL）是个极具影响力的民间组织，除了致力于儿童与青少年福利以外，也常举办各种适合儿童或亲子的活动。MLL在芬兰有超过9万的会员。他们曾在一张小传单上写了9个"你可以这样做个好父母"的建议，节录重点如下：

1 做好父母

每个孩子都很独特。比翻阅各种育儿手册更重要的是去了解你的孩子，了解他的体验与发展。家长要和孩子一起学习，当孩子成长时，家长的角色也要跟着转变。父母也需要彼此关怀，因为在幸福关系中成长的孩子最有安全感。

2 陪伴孩子

亲密感来自于每天的共处时光。这让人对生活有基本的信赖感，与父母的关系亲密也让孩子更有能力去爱。

3 与孩子一起成长

享受为人父母的感觉。学着活在当下，孩子与成人都会更加了解自己与彼此。孩子需要成人牵手带领一步步地迈向成熟——以孩子自己的速度。

4 讨论感觉

问你的孩子在想什么，感觉如何。孩子越小，成人越需要帮助他了解自己的情绪反应。让孩子知道你了解、关心、在意他的心灵世界。倾听、讨论、安慰、分享彼此的感觉。试着一起走过你与孩子的情绪难关。

5 照顾孩子的身心

提供孩子身心需要的养分。在生活里经常发生的小事中帮助孩子建立安全感，同时这也能为孩子的日常生活建立正向的引导。

6 建立界限

一定的规则是必需的。为规则建立界限，用它帮助孩子成长，让他学习成为一个懂得负责任的人。

7 玩耍与了解

让孩子玩耍，你自己也该玩耍并且开怀大笑。玩得越多，越能分辨真实与非真实的事物。沙坑和运动场都是学习的好地方，可以学到创造力、各种可能性和人生的游戏规则。

8 向生命学习

我们每个人都必须迎接生命的挑战。父母则在生活的技能上领先孩子一步，父母可以示范给孩子看，什么是温柔、照顾和爱。

9 倾听孩子

孩子在不懂得说话时已经告诉你很多事物。专心看着你的孩子、倾听他，试着了解他话中的意义。

厨房其实是个游乐场

如果大自然是孩子最好的教室，那么厨房就是家里最好的"游乐场"。我常和阿雷一起在厨房中探索、学习、尝试，并享受母子的共处时光。

婴儿时期，厨房就是探索的天堂

阿雷还未满一岁时，每当我在厨房忙碌，他就会爬到我的脚边，东摸摸西看看，然后翻遍厨房下方的每个柜子。柜子里存放了很多东西，有做饭要用到的食材、量杯、保鲜盒、锅铲、面粉袋等。其实孩子最好的"玩具"就是生活用品。而我的判断能否给阿雷玩的原则只有一个——是否危险。只要不危险，我都不介意他翻出来玩。而危险的东西早就束之高阁，所以可以放心让他在厨房探索。

探索的结果就是厨房的地面每天都一片混乱，妈妈在上面忙，小孩在下面忙，忙着触摸各种厨房用品与食材工具。对我而言，这样的混乱是可以接受的，年幼的他在我的视线范围内，我可以安心做饭，他也得以自由探索新事物，一举两得。

有趣的是，不需要特别的规定或限制，几个月过后厨房地板上的混乱就会自然结束。因为该翻的、该玩的都玩过了，孩子的注意力就自然地转移到其他地方了。

等阿雷更大些，我才发现他对厨房的摆设非常清楚，什么用品放在哪里都了如指掌，需要什么工具都会自己去拿。原来婴儿时期的探索地图不知不觉地已留在脑海中。

一岁半，变身厨房"小帮手"

当阿雷可以自己爬上高椅后就开始主动要求"要帮妈妈一起做饭"。于是，我常让他坐在厨房高椅上，我负责切菜，他负责把切好的菜放到盘子里，母子俩在厨房里共同准备菜肴成了我们家常见的场景。

我也会给他铲子让他帮我炒菜。当然，铲子要选把手够长的，好让孩子可以与炒锅保持一段安全距离。当他炒菜时，我会在旁边注意电炉的温度，需要高温快炒的菜，我通常自己来。如果温度不高，只需要稍微搅拌的菜，我会视情况让他在炉子还没热时先炒一炒，开始热起来时就会告诉他现在比较危险，他年纪还小，请他在旁边看。

到了两岁多，阿雷就真的可以帮忙炒菜了，他知道冒烟了表示很烫要小心。在妈妈的陪伴下，他可以安全地完成一些厨房任务。阿雷主动要求帮忙打蛋，我就顺水推舟地把打蛋的任务交给他。我在这个过程中发现，孩子比我有耐心也比我专注。打蛋时，他会专心地边打边观察蛋的形状变化，边拉蛋丝边玩。因为他很专注地打，打得够慢够久，蛋反而打得匀。

❶——三岁七个月，炒我们从森林里采来的蘑菇

① —— 榨柳橙汁的小帮手

② —— 三岁七个月，起司刨丝

③ —— 两岁七个月，用木刀帮忙切菜

两岁儿童也可以用木刀切菜

至于切菜，虽然阿雷的手眼协调能力已经不错，但未满三岁前还不能让他使用普通的菜刀，不过木刀倒是可以考虑。我曾经在工作坊里做了一把小木刀，刀钝钝的不危险却足以切开软的食材。阿雷常常用木刀切青菜、苹果甚至四季豆。他切得开心，我也可以趁他专心切菜时，把其他菜炒好或处理好。

每天不同的菜，他都想试着切切看、闻闻看，在厨房帮忙准备食材的同时也是孩子手感、口感和味觉的旅行。

让阿雷参与厨房家务还带来了意外的好处，一些他原本不肯吃的青菜也慢慢吃了，甚至会吃妈妈自己都还不太喜欢生吃的菜。

有一回，未满两岁的他用木刀切花椰菜，切到一半顺手送入口中吃掉，然后说："好好吃哦！"原来让孩子参与准备菜肴，可以让孩子变得不挑食，真是一举数得！

揉捏面团是最好的手感体验

做菜之余，阿雷还非常喜欢揉面团，跟我一起做烘焙。每次看到我揉面团，一定要抢着来帮忙，我也常直接分给他一块，让他去揉、捏、擀。用手去感受面团的触感，不只是一种感官的体验学习，我相信对身体健康也是有好处的。

手上穴位很多，搓揉过程其实也是一种刺激与自然按摩，现代人生活拥有太多机器带来的便利。机器取代了手工过程，虽然省时却牺牲了不少身体与四肢的自然体验。正好我家因为空间不大，没地方放搅拌器，因此都是自己动手揉面，虽然比较花时间，倒也提供了手指运动和手掌按摩的好机会。原来没有机器也是有好处的，有机器的话，我大概很难舍近求远，可见事情都有正反两面，看似少了什么，却也可能带来另一个收获。

孩子其实是妈妈的老师

有一回，我试着用浸泡过的西谷米捏肉圆皮，也分给他一块捏。他始终专心致志地捏着同一块皮，而我为了效率，很快就把其他皮都捏好了。然而我发现，他专心捏着的同一块皮，捏得非常光滑柔软，比所有我捏过的皮都好！这样的体验总让我忍不住赞叹：孩子不像成人，没有要在特定时间完成某个作品或目标的压力，因此他们总是可以专注当下，慢工出细活。

看着他的作品，对我而言常常是一种"放慢""放下"最好的提醒。

就连做个简单的面包棒，也让我看见孩子的思考有多么不受限。我做的面包棒就是按照教法，面团压平切开、拉细拉长；孩子不然，他没有这样的标准，于是面包棒每一根都长得不一样，他会把它们压扁，揉捏成独特的形状与风格。

　　可见成人在安全的前提下，真该让孩子多尝试各种事物，不要急着指导他，光是放手看着他做，就会发现脑海中的桎梏又解开了一部分。

　　孩子，才是我们的老师啊！成人只是因岁月的累积，多了些生活经验与知识能力。然而孩子有着比我们都简单纯净的灵魂，比我们更接近宇宙的智慧。仔细观看孩子、聆听孩子，生活中要学的功课，都在里面。

　　阿雷三岁三个月大时，有一天对我说："妈妈，等我长大，等你老了以后，我会做饭，你可以去休息，等我把饭做好了，我会请'老的妈妈'来吃饭哦！"亲爱的阿雷，光是冲着这句话，我们俩的厨房手工教室，就要继续玩下去。

　　请你继续做妈妈的厨房小帮手，好吗?

给"害羞"的孩子一些时间

阿雷在一岁半到两岁之间时，音乐游戏课上有个名叫爱玛的小女孩，比他大七个月。小女孩非常害羞，她几乎从来没有与任何孩子以及她妈妈之外的成人有过互动，总是很容易惊声啼哭。大部分的时候，她的妈妈必须把她抱在怀里，牵着她的手一起进行许多同年纪孩子早已可以独立做的事。几个月后，我发现她开始有些进步了，至少不再啼哭。虽然仍常面无表情地坐在旁边看着别的孩子，但她多了一份平静。

她的小小改变我们都注意到了，有一天上课时，老师对她的母亲说："她进步了哦，现在她开始能用眼神直视对方。"

每个孩子都是独一无二的个体，看到这小女孩一点一滴的进步，我也为她高兴。因为我的孩子在宝宝期也有过类似的经历。

孩子需要的只是父母的耐心陪伴

一开始，阿雷也常在音乐游戏课时哭泣。天性似乎比较慢熟的他对于新的人、事、物，总是需要多一点时间慢慢观察、靠近。当他还是九个月的小宝宝时，我带他参加音乐游戏课。有一阵子，他总在进教室之前哭着不肯进去。我猜是因为看到教室中有很多小朋友而感到有些害怕。那时我常得等到音乐声响起时，他被音乐吸引而愿意进入的时候才能进入教室。

到了阿雷两岁左右，他不但不退缩还常是团体中比较愿意尝试新事物的孩子。音乐游戏课中，老师常会鼓励大家手牵手绕圈圈。不过老师从来不会勉强孩子做不想做的事，如果孩子只愿意远远地看或只愿意牵妈妈的手，也完全没问题！而我家阿雷不知从何时起，开始敢去牵另一个小女孩的手；

当老师邀请孩子们一起学大象走路时，他第一个响应；要弹钢琴时更是一马当先；他甚至会在穿好外衣后主动伸出手，因为好奇而触摸另一个孩子的外衣。显然，他开始对别的孩子产生兴趣。

我的孩子仿佛逐渐脱离团体中"最害羞"的角色，变成一个活跃的孩子。我甚至常听到另一个妈妈对他那看似"更害羞"的儿子说："你看阿雷怎么做，你可以跟着一起做啊！"

在音乐游戏课那一两年的过程中，我看着阿雷逐渐长大，成为一个有自信的快乐的孩子。我无法说明他是怎么做到的，因为我什么也没做，就只是一路陪伴他，多给他一点时间而已，当他害羞时，不去勉强他，而去理解他，接受他。

尽管他在熟悉的音乐游戏课场合中逐渐如鱼得水，他的慢熟本性仍然需要家长的理解与体会。一换到全新的环境，面对全新的人、事、物，他的本性又会冒出来，需要多一些时间来慢慢"增温"。

接受孩子，不评断孩子

每个孩子都不同。在亚洲社会，我自己的经验是小孩越活泼外向就越容易得到大人的赞赏。相反的，天性比较害羞慢熟的孩子，在年纪小的时候比较容易被忽略或是被大人提醒："要活泼一点才好哦！""要多跟别人相处，才会比较外向哦！"

我也开始注意到，在我们的文化里似乎更常在言词中不经意地为孩子们"下定义"。曾有初次见面不到两分钟的人对我说："你这孩子好像很文静。"或是看到孩子依偎在妈妈身边不肯加入群体时说："他怎么这么害羞！"

其实，人的个性从来就不是非黑即白，无论是成人或是孩子都会在不同的状况下有不同的反应。我觉得大人们彼此在交谈的时候，应该尽可能不要直接评断孩子，哪怕只是随口说说而已，敏感的孩子却可能无意间记在脑海里，并影响他们对自我的看法。

事实上，我自己也曾不小心在孩子面前对朋友说："他比较害羞慢熟。"有一回，一个心灵相通的好友听了，立刻委婉地私下提醒我："你不要这么说哦，孩子听得懂的，如果要说，可以说他'今天正好'比较害羞。这样他才不会内化，认定自己一定是个害羞的人。"我感谢她的提醒，也真心欣赏她的智慧和对孩子的体贴入微。

尊重每一个孩子的不同

其实害羞作为天性不见得不好，这个世界原本就需要各式各样不同的人。每种个性都有它的优点值得欣赏，但我不希望大人们无心的评论让已经听得懂的孩子给自己下了定义，而这样的定义却又不见得呈现真正的样貌。

音乐游戏课上那个小女孩爱玛，没有人强迫她一定要做什么，没有人要求她要跟别的孩子一样融入集体，也没有人直接在孩子面前对她的母亲说："你女儿很害羞哦。"从老师到爱玛的妈妈再到其他小朋友的妈妈，大家都只是如实地接受她本来的样子，不评论也不妄下推断。她可以坐在旁边安心地用自己的速度慢慢融入、慢慢适应，一点一滴地进步着。

这样的经验让我看见什么叫尊重。那是从孩子的角度出发，真诚地试着了解他、接纳他原本的样子，并耐心陪伴他长大，如此而已。

育儿其实很有趣：
零下气温，让婴儿在阳台午睡

　　我在芬兰的"文化震撼"之一是芬兰人喜欢在白天让婴儿在屋外或阳台睡觉，哪怕是零下气温也不例外！

　　芬兰人认为零下冷冽又新鲜的空气有助婴儿好眠，同时还帮助婴儿适应北国气候。妈妈宝宝健康中心的护士也说，零下十度之内都适合让婴儿在屋外午睡，只要为宝宝穿上温暖的衣帽、手套并盖上被子就好。

　　其实芬兰气候干燥，零下十度并没有想象中那么冷。有一年我从台北来芬兰，当时正好台北遇到寒流，温度降到零下十度，而芬兰也是零下十度，结果感觉台北更冷呢！

　　习惯这样的做法后，我就常让小阿雷冬日里在阳台午睡，果然睡得又稳又好！后来我也渐渐发现，其实只要装备完善，零下的气候一样适合让孩子在户外活动。因为寒冷有寒冷的乐趣，冰雪可是孩子最爱的玩具！也许，让孩子从婴儿期就习惯零下的气候，正是北国人的传统生活智慧。

"尊重" 没有年龄之分

在芬兰，每个孩子都有一个专属的体检护士。刚出生时约两周做一次体检，慢慢变成一个月一次。孩子一岁后，每半年至一年半体检一次。

2013年底，我带阿雷去妈妈宝宝健康咨询中心做三岁例行的健康检查，原以为只是量一下身高、体重，没想到居然检查了一小时，而且整个过程都让我感受到工作人员是真心关注孩子，并尊重个体的不同。

体检第一件事：了解孩子的家庭与生活状况

我与阿雷走进健康中心，熟悉的护士桑娜与实习护士出来迎接我们。桑娜桌前摆了两张椅子给父母坐，并为阿雷在侧边准备了一张高椅。阿雷一时害羞，只愿坐在我腿上。

桑娜先是关心我们的家庭状况是否一切都好，然后问起阿雷上哪一所幼儿园，是否适应幼儿园的生活，还询问阿雷有没有交到朋友。

"他还没有固定的好友，不过会愿意参与群体活动。"我回答。

"这样就很棒了，这个年纪的孩子其实还常坐在一起各玩各的。再过一段时间，他就会找到固定的玩伴。"她说。

"幼儿园有没有跟你们定期会谈让你们了解孩子的状况呢？"

"一开始就会谈过一次，而且阿雷说他很喜欢幼儿园。"

"听起来他非常适应幼儿园的生活，太好了！"两位护士不约而同地点点头。

"他的生活习惯呢？自己穿衣、睡觉、吃饭、上厕所这部分如何？"

"他有能力自己穿脱衣物，但平常赶着出门时还是我们帮忙居多。他自己睡小床，虽然睡前还需要爸爸陪一下。自己吃饭或上厕所都没问题，夜间为了以防万一还是会带尿布，但最近两周里尿布都是全干的。"我回答。

"太好了！如果你们能在周末不赶时间时，把所有衣物放在地上，让他有更多机会自己练习就更好了。"桑娜说。

鼓励妈妈，多与孩子说母语

"来谈谈他的语言发展吧，他在家说什么语言呢？"桑娜问。

"他跟我对话时用中文，跟老公对话用芬兰文。"

"他能否用两种语言都说长句子？"

"可以。"

"哪个语言能力比较强？"

"差不多，虽然我在家里跟他说中文，但是他自言自语的语言很早就是芬兰文了。"桑娜听了并没有因为他的芬兰文能力而喝彩，反倒关心起他的中文能力持续问题。

"那你要更常讲故事、唱歌给他听，中文母语的维持和发展就靠你了，一定要坚持下去！"我听了很感动，芬兰人真的很重视双语家庭或是移民孩子的母语发展。从护士到芬兰文课的老师都不断告诉移民要对孩子说母语，因为这既是与双亲之一的文化联结也是幼儿未来的财富！如果父母都是移民，孩子更需要立基在坚实的母语基础上，才能把新的环境语言（芬兰文）学好。很多移民不了解这一点，丢弃自己的母语，这给孩子在语言上的发展造成了极大的损失和遗憾。

测验过程，完全信任家长且不勉强孩子

针对阿雷的整体成长与生活状况聊了许多后，护士才开始评估他的认知与肢体发展。

桌上摆着两个小盒子，一个红色、一个黄色，还有很多红色和黄色的小

塑胶片，桑娜请阿雷分类。

我知道这难不倒他，不过慢熟的他一开始不肯照做，用中文说："妈妈帮忙好不好？"于是我拿起一块黄色小塑胶片跟他说："阿雷你带我回家好吗？"乐于助人的阿雷马上说好，然后就自己把所有颜色分类好并"送回各自的家"。有时孩子需要的，只是成人的体谅与引导。

接着桑娜拿出许多正方形的木质积木，请阿雷把它堆成高塔。

然后桑娜拿出一本画了很多动物的故事书，她指着动物请阿雷回答那是什么动物，在做什么事。阿雷用极细小的声音回答，答案都很简短而且不愿意说出类似"小狗在钓鱼"之类的句子，但显然听得懂也能表达。桑娜笑着说："我试着引导他说长句子，可惜没成功。没关系，我相信他可以说长句子，只是在两个不熟的人面前不愿意说而已。"

然后桑娜拿给他一张画着几只动物的纸，让他比较动物的高矮大小。

接着进行下一个测验。一张纸上，画了小丑、瓶子、球，在芬兰文里，正好全是 P 开头的词。"阿雷，这张纸上有小丑（pelle）、瓶子（pullo）、球（pallo），那么球在哪里？"他指对了。另一张纸上则全是 K 开头的音，"这里有公鸡（kukko）、蛋糕（kakku）、花（kukka），花在哪里？"也指对了。桑娜讲话的速度就是一般芬兰人的正常速度，并没有刻意放慢，选这些发音有点相近的词，我猜是要评量孩子能否分辨芬兰单词不同的韵律，并判断听力与认知能力是否正常。

然后桑娜给了阿雷一张白纸，纸的左边有一条横线，右边有一条竖线。请阿雷在横线下方照画一条横线，他画了。但请他在竖线右方画时他却不肯，妈妈引导员只好出动："竖线好想要一个朋友啊，你画给他好吗？""好。"

接着，桑娜给他一颗球，想观察他投球与接球的肢体能力，阿雷还在慢熟中，不肯配合。桑娜不勉强，直接问我他能否做到？妈妈说可以就算通过，完全信任家长。

"除了走路、跑步、骑车之外，他有做其他肢体运动吗？"桑娜问。

"本来很少，因为孩子的爸爸不喜欢运动，但是我今年秋天特意帮父子俩报名参加了每周一次的运动游戏课，让他有机会尝试运用不同的肌肉，练习平衡力等，小孩很喜欢，爸爸也表示这堂课很棒！"桑娜听了竖起大拇指眨眨眼说："这样的安排太好了！"

孩子不配合？慢慢引导他

检查的最后一项才是量孩子的身高体重。量体重时阿雷又不太愿意配合，我看到桌下有个篮子装了好多小车，在征得护士同意后，我说："你去量体重，量完就可以玩车子。"马上见效。选了车子之后，他又突然发现球很好玩，我趁机丢球给他接，好让桑娜观察他这部分的发展。实习护士也把握机会跟他玩丢球游戏，同时指着地上的一条线要阿雷双脚跳过那条线，并且示范单脚站立并说道"那你会不会这样做？"引导阿雷尝试。

体能测验结束后，我们再用玩具车把他"拐回"桌边，桑娜请他自己爬上高椅（观察他爬椅子的动作），现在他放松多了，开始配合护士的要求。

下一个项目是测量视力。实习护士拿了一张视力测验表和三副有着动物模型的眼镜，请他选一只动物戴上。测验表上有四五种不同的形状，先问他画着心形的是心还是苹果，他说苹果。此后，苹果就是标准答案。然后他依次辨识了其他图案，看到了苹果、房子和圆圈。双眼测完后再进行单眼轮流测，测完后阿雷更放松了，很自在地坐在地上玩。

在此同时，桑娜给我看阿雷的身高体重与头围在成长曲线中的平均值，身高比平均值高、体重则比平均值略低，但BMI指数比以前好，没有什么需要担心的。

一切，都从尊重开始

倒是桑娜此时看着我说："有没有什么事让你担心呢？"

"没有，不过你们也看到了，他面对新环境比较慢熟又有点害羞，不知道该如何帮助他呢？"

桑娜与实习护士不约而同地对我说："害羞不是坏事啊！其实他已经逐渐对我们敞开心扉了，不是每个三岁小孩都能在这么快的时间内做到哦！"

"我的确常提醒自己要尊重他的天性，不要把他塑造成我期望的样子。"我说。

"没错！"桑娜大力点着头："孩子也跟成人一样，有的喜欢成为人群的中心，有的喜欢先观察倾听、再考虑融入，这没有好坏，只是不同。尤其我们芬兰人，天性都比较慢熟、害羞，这是天生的防卫能力之一，这种能力将来对他会很有用处！"两位护士你一句我一句地为阿雷"辩护"，就怕我这个做妈的会觉得他太害羞，这让我很感动。

"其实我也知道，害羞并不是坏事，就连我和老公小时候也都是超级害羞的人。"

"结果你们现在都成了可以侃侃而谈、广泛交友的人了，不是吗？"桑娜补充到。

最后，桑娜问我："阿雷之前有一支疫苗还没打，你想要今天补打吗？"由于个人因素，我说我想再考虑看看。

"没问题，你慢慢考虑吧！另外，他一岁半时应该有一次医生的健康检查，我们上次没有约到时间，你想不想现在跟医生约时间呢？"

"好啊！"

整个过程都让我很受感动，无论是孩子的成长、打疫苗或看医生，完全尊重个体选择，没有批判、没有强迫，对孩子或父母都一样。这样的尊重，表现在护士们与我的讨论，以及对孩子的举止中。

原来，所谓的健康检查，不仅是要监测孩子的成长情况，更要了解他的成长环境、社交状况、生活习惯，甚至父母对孩子的期许和态度也同样重要，这个体验真的让我上了一课。感受到自己与孩子都在深受尊重的前提下被给予建议与帮助。

离开前，我向她们道谢，带着一起离开的还有一堂关于"尊重"的人生功课。

孩子可以成为父母的老师

有一阵子，我常给阿雷读陈致元的绘本《很慢很慢的蜗牛》。

故事讲的是一只很慢很慢的蜗牛想爬到葡萄树上吃葡萄，结果被路过的水管蛇和大青蛙嘲笑爬得太慢。水管蛇和大青蛙急急忙忙冲到葡萄树上，却吃到了还没成熟，又酸又硬的葡萄。蜗牛动作慢，爬到时只剩下一颗熟到烂掉的葡萄。然而蜗牛并没有失望，它懂得正面思考与变通，熟烂的葡萄被它和毛毛虫一起变成美味的葡萄酱，还可以用树叶做出葡萄酱三明治呢！

阿雷非常喜欢这个故事，因为它情节生动，画面活泼。我也很喜欢这个故事，因为它总是把我的孩子逗得哈哈大笑。更重要的是小故事里有大哲理，更是给了急性子的我最好的提醒：很多事，慢一点，结果也许会更好。因为未成熟的葡萄，强采也不会美味。

跟蜗牛学习慢慢来

有一天，我给阿雷读完这个故事后，我们母子有了这么一段对话：

"妈妈，我要葡萄干，我要，我马上就要！"

"阿雷，你看妈妈正在准备餐具，你不要急，妈妈很快就会拿给你。你记得那只蜗牛吗？蜗牛教你要慢一点，好吗？"

"好。"阿雷的情绪马上温和下来。

这之后不久，阿雷感冒了。我在他的汤饭里加入了一点可以温热身体的中药粉，以前对中药粉并不排斥的他，这回硬是不肯吃。我也急了，没耐性的本性正要发作之际急忙提醒自己要"慢"，于是声调放柔说：

"那你先喝汤，待会如果想要的话再加中药，好吗？"

孩子也跟着软化，"好！"随即又补上一句："妈妈，你不要急嘛，蜗牛教你要慢慢来，好不好？"

"好。"我忍不住大笑。

蜗牛成了我们家的耐心导师，感谢陈致元先生的好作品让我的育儿经历里多了这么多美好的回忆。

为什么孩子越大，妈妈越没耐心

两三岁孩子的妈妈和小婴儿的妈妈心境是不一样的。

孩子不到一岁时，光是天天看着他的成长就已经满足，总是不断用手机、相机、摄影机试图捕捉那每一个不会重来的历史性时刻。到了两岁多，手机仍然不离手，不同的是随着孩子越来越独立，做妈的反倒不再那么轻易满足，对他的要求也越来越多。我开始会要求他体谅妈妈，不要一直搞破坏；会跟他说这个不能做、那个不要碰；会在又累又失去耐心的情况下，忍不住吼那个调皮捣蛋、"不听话"的他；会要求他更"独立"一点，好让妈妈有更多自己的时间。

两三岁的孩子不再是牙牙学语、蹒跚学步的年纪，而是变得更有自己的想法与主见，有叛逆心，活动力也更强。此外，因为语言和认知能力已经进展到不错的阶段，有时候妈妈会不自觉地"要求"他太多。

我常检讨自己是不是有时候会忘记这个看似各方面都越来越独立的小人儿，其实还是个小朋友？

是不是很多时候，我少了些耐心，多了些情绪？

是不是有时，为了自己的时间表安排，我会不由自主地太心急？

是不是有时候我忘了，小朋友其实还不能完全掌控自己的情绪，闹脾气的时候也不一定说得清楚为什么，其实他只是累了、想睡了？

是不是正因为这年纪的孩子跟我的沟通看起来更顺畅了，因此大人偶尔会"高估"他的心智成熟度，给他"不够合理"的要求？

而我自己，是否也在不知不觉中随着他的成长，多了一些习惯性的理所当然，少了一些与他站在同样高度的体谅与理解？

孩子是父母的"照妖镜"

我越来越觉得教养孩子的过程中最需要教养的是自己。孩子就像一面镜子，不断反映出家长的不足，藏都藏不住。有个朋友戏称"孩子是我们的照妖镜"，我非常赞同。养育孩子的过程真的把我没耐心、心急、脾气不够温和等缺点"照"得一清二楚。

当孩子准备上幼儿园，妈妈开始有自己的时间时，我也开始不知不觉地逐渐恢复某种"有效率"的思考方式。人还没开始工作，思维和速度已经恢复原本的快速步调，常常不小心忘了那些与孩子共处时可以拥有的单纯快乐。而孩子，无论妈妈有没有时间陪伴他，面对妈妈时永远带着最开心的笑脸，给我最无保留的拥抱。哪怕刚刚才挨骂，过一会就忘了，仍是朝着妈妈飞奔而来，搂着妈妈又亲又抱。

跟孩子学习活在当下

反省的同时，我正好在脸书（Facebook）上读到一段让我感动的话：

"在现今的世界里，我们成人总是习惯要有效率地运用时间，因此当日常生活的时间表必须按时往前推进时，孩子的慢吞吞有时会让我们不耐烦。然而，缓慢也可以是无价珍宝。孩子才最能教导父母'活在当下'的艺术。他们会在自然中专注地投入微小新奇的事物，他们会在游戏中完全忘记时间存在的意义。当父母走进孩子的世界，慢下脚步就会成为最自然的事，随之而来的是许多在无止境的忙碌中不会有机会体会的珍贵时刻。"

这段话来自芬兰提倡"缓慢教养"的脸书团体。感动我的同时它也点醒了我。在追求自我实现之时也该重新找到与孩子相处的角度，要学着将心比心，常提醒自己他还只是个孩子。规矩和生活常规需要教导，然而更重要的教导是父母自身日复一日的行为示范，需要做到更好的人是我自己。

我决定重新体会与孩子共处的单纯欢喜。在每一天的忙碌育儿生活中，在快失去耐心时，提醒自己蹲下来握着孩子的手，看着他单纯闪亮的眼睛，再一次从孩子的角度出发思考，哪怕是要指正他的行为也可以用更温和的方式。而且，最简单自然的方法就是自己先做好的示范。

想教孩子不要太性急吗？自己先学学做一只蜗牛吧！

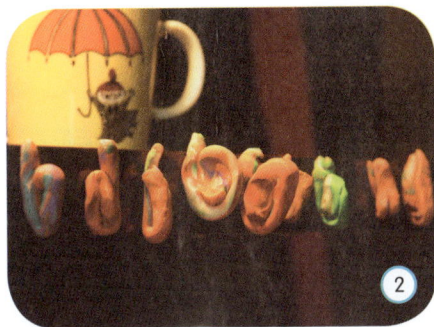

① —— 地上的蜗牛
② —— 阿雷自己用黏土做的蜗牛

Part 3

华德福幼儿园——规矩背后是自由

一个像"家"的幼儿园

2013年，我们选择华德福幼儿园作为二岁九个月的阿雷走入团体生活的第一步。

芬兰所有的幼儿园主要活动都是"玩"，我相信无论选择哪一所幼儿园，孩子都可以玩得开心。选择华德福，并不是存心选择"体制外"的教育，而是因为公立幼儿园在申请确认入园之前并不开放参观，华德福是私立幼儿园，可以预约参观，加上我对华德福的教育理念有兴趣就好奇地前往瞧瞧。参观后觉得这里特别有"家"的味道，便决定让阿雷去试试看。

在华德福幼儿园，每个孩子的第一学年每天只上半天课。七八点入园，睡完午觉两点左右回家。幼儿园老师建议我们采用温和渐进的方式让小孩慢慢适应。因此，八月初幼儿园一"开学"，我们就来找老师讨论具体做法。

第一次来幼儿园"上课"，老师邀请阿雷和其他小孩一起进屋去，阿雷紧抓着爸爸的手不放，打破他"心防"的是一个叫阿杜的小哥哥。阿杜比阿雷大三岁，三个月前我们第一次来参观时他就很主动地迎接阿雷。这次他一看到阿雷就说："你有自己的小床等着你哦！""要不要跟我们一起进屋玩？"阿雷摇摇头。"那你想在院子里待一整天，一直待到晚上吗？"我们听了都笑出来。不知不觉地，两个小男生已经一起跑去庭院里玩了！

老师很有弹性，原本要叫阿杜进屋去，一看到阿杜成功地拉着阿雷一起玩，就顺势让阿杜担任小哥哥的角色，陪阿雷溜滑梯、骑木马、采莓子。花园里种了好几株莓果丛，阿雷和阿杜在那里采莓吃，我们也趁机请教老师一些问题，对幼儿园的入园做法也更加了解。

华德福的入园适应方式

"该怎么帮助他适应幼儿园的生活呢？"老公问。

"我们建议所有新入园的孩子由家长陪同，一开始待一个半小时就好。慢慢地，家长可以中间离开一下，再接着，孩子可以加入吃午餐的行列。最重要的是让孩子有正面快乐的体验。有的家长因为要工作，直接把小孩送入园中，一天七小时，对这么小的孩子来讲真的很辛苦。一开始先上半天，还没来得及想妈妈就要回家了，比较容易适应。"

"阿雷还不到三岁，是园里最小的孩子，会不会有困难呢？"

"不会的。虽然我们招收3～6岁的孩子，但每年秋季新学期都会有几个未满三岁的孩子入园。如果只有一两岁大，最适合的照护地点是自己的家，阿雷这年纪已经适合慢慢进入团体生活。就我们长期观察发现，孩子满三岁后会在社交上突然大跃进，有兴趣找玩伴，现在时机刚刚好！我们也会特别留心照顾他们，比方让他们先进门脱衣、脱鞋，以免被大孩子推挤，吃饭也会让他们先入座。"

"我是对华德福的理念有兴趣，其他家长为什么选择这里呢？"我问。

"有的家长喜欢我们的有机蔬食午餐，有的是口耳相传推荐，有的想让孩子上华德福小学，所以从幼儿园就开始体验。"

"这里一共有几位老师呢？"

"我们总共有25名孩子、4位老师，同时秋天起会有1个快毕业的实习生来工作十个月，另外还有两个短期实习生，确保有足够的成人照顾孩子。"4位老师加上3位实习老师，7个成人照顾25名孩子，人员很充足。

"如果有老师正好生病，会请代课老师吗？"

"真正需要时会，但大部分情况下我们不会请代课老师，因为他们并不了解每一个孩子。其实依芬兰法律规定，三岁以上的孩子一个老师最多可照顾7个孩童，三岁以下的孩子则最多4个。我们其实可以招收28个孩子，但是我们只收25个，以确保老师不会负担过重，孩子也可以得到需要的照顾。"

"接下来，阿雷要天天来吗，还是一周两三天呢？"我问。

"要看家长和孩子的适应状况，可以天天来，也可以每两天来一次，让孩子有点'想念'幼儿园，也不错。"

"那他什么时候能适应到'待到两点而不用我陪'的阶段呢？"

"每个孩子都不同，根据过去的经验，一般1个月就能独立了。"于是我们决定，一开始我每周带他去三次幼儿园，一次待一个半小时。我会坐在旁边观察，再适时退出，并慢慢延长他在幼儿园的时间。

"用这种方式，你可以看到我们怎么照顾孩子，你也会觉得放心，知道这是安全又温暖的环境。以后如果有任何问题，也一定要随时跟我们说哦！"老师这么提醒。

这里的老师似乎很重视也很尊重家长的想法，并强调与家长之间的沟通。

① —— 老师带着阿雷和阿杜一起采莓子
② —— 不同材料打造的幼儿园庭院
③ —— 阿杜哥哥和老师带着阿雷去采院子里的莓子
④ —— 院子的沙坑中间有个树桩

一个像"家"的幼儿园

原本来参观幼儿园是对华德福的教育理念有兴趣，然而参观后真正让我送孩子来这里的原因是它那"像家一样的氛围"。

幼儿园本身就是一栋木屋，依照华德福教育理念，所有的玩具都用天然材质制成。木质玩具与乐器随处可见，老师也善用花园中随手可得的素材做成装饰，室内外都像个家。庭院的地上也用不同的材质组合而成，有泥土、石头、沙地、也有草地，沙坑的中间居然还有一根木头。在游乐设施上荡秋千、溜滑梯之余，还有游戏木屋和一个货真价实的迷你原木屋！

"那个原木屋，是芬兰一家原木屋公司的展示品，不再使用后就捐赠给我们幼儿园，我们常在里面玩游戏呢！"老师这么说。

最需要适应的其实是父母

我和孩子爸爸进屋内签约时，另一位老师问我们："孩子要来上幼儿园了，对你们来说也是一个改变，你们感觉如何呢？"

"我不知道他能不能适应得好呢！"我说。

"孩子适应力非常强，其实更需要适应的通常是父母哦！通常父母自己准备好了，孩子也会适应得快。如果父母难分难舍，孩子也会难适应。"听完她的话，我决定做孩子的后盾，让他的幼儿园生活有快乐稳定的开始。

幼儿园的午餐时间到了，阿杜跟老师一起进了门，而我家阿雷还赖在莓子丛前不肯走，老师说："没关系，你们可以待到想走时再离开，我们先进去用餐啦！"最后，阿雷手上捧着一堆刚采下来的新鲜莓子，一家人开心地离开幼儿园。

育儿其实很有趣：
三个月宝宝也可以"学游泳"

一位报社编辑曾来信问我："听说芬兰人会把小婴儿丢下水学游泳，到底是不是真的？"

宝宝游泳课在芬兰的确很流行，只要年龄满三个月、体重满五公斤就可以下水游泳。不过他们并不是把婴儿丢进水中"学游泳"，而是由爸妈陪伴宝宝在水中活动，同时也是全家的亲密时光。

大部分的宝宝游泳课都建议在3~6个月左右开始，因为这个时期的婴儿还保有所谓的"闭气反射"，潜到水中会自然闭气，运用这个反射可以让宝宝自然学会潜水。

我家阿雷在五个月又十八天的时候开始了人生第一堂宝宝游泳课！

一开始，教练先是温柔地呼唤他的名字，跟他打招呼，欢迎他来游泳。

"宝宝一开始都会需要一段时间适应新环境，你们可以先从坐在泳池边开始，让他熟悉这里的光线、声音、人，然后在他的脚上泼水，慢慢引导他进泳池。最重要的是让宝宝享受这个过程，以他的速度来进行。"教练说。

我们把他紧抱在胸前，用水轻泼他的脚，让他感受温暖与安全，然后

慢慢走进泳池。教练则教我们一些在水中支持宝宝的姿势：如让宝宝的头躺在爸爸的肩上，爸爸和宝宝的肩膀都入水，一手扶住宝宝身体，一手扶脚，让他漂浮在水上；或是一手扶宝宝的头，另一手托他的小屁股，让他漂浮。如果他觉得不安，可以把他搂近身体，也可以反过来让他以趴式入水面，或是手扶宝宝腋下，让他以直立的姿势活动。

教练提醒我们："要看着宝宝的眼睛，这也是父母和宝贝互动的时刻，而且要记得让他多动才不会觉得冷。"

"让宝宝的身体在水中用不同的姿势划动，就像在帮他按摩一样，透过水的按摩他会对自己的四肢更有觉察力。"

宝宝游泳课一次半小时，第一次上课建议最多15～20分钟。时间不用太久，要让宝宝慢慢适应。

有时教练会邀请宝宝们在父母的协助下以仰式过"水上隧道"，然后在终点处高举一面反光镜，让宝宝看见"太阳"。教练也会让所有宝宝围成一圈，用带动唱的方式，带宝宝跟着歌声在水里跳动，并不忘提醒大家"要看着宝宝的眼睛对他笑哦！"最后让大家围成一圈，以水中唱游活动结束游泳课。

适应，原来也是一种学习

阿雷上幼儿园的第一周，一天只上两小时，我在一旁陪伴的过程中也正好观察到老师如何引导孩子。

第一天：用孩子熟悉的事物引导他

阿雷一到幼儿园就马上转身想离开。老师很有经验地马上叫阿杜带他去看上周一起采的莓子丛，用小孩熟悉的事物来引导他，马上见效！现场还有另外几个第一天上幼儿园的小孩，家长都跟在孩子旁边走动。老师也邀请我跟在阿雷后面，我婉言拒绝了。我信任老师能带好他，更何况孩子不需要我，我何必跟前跟后呢。当然，老师的做法也是有道理的，他们一直强调，家长比孩子还需要适应，要家长跟在后面看，其实是希望让家长们能放心！

一个多小时的户外时间，他玩得不亦乐乎，想上厕所或想喝水时，都会主动去找盖亚老师，完全没找妈妈。直到大家要进屋吃午餐时，他还跟我说："我不要回家！我要留在幼儿园！"

第二天：信任感，来自家庭

这天他一到幼儿园就直接冲去玩三轮车，和老师玩得很开心。

我站在远远的地方看着，老师走来对我说："他适应得超好，你要不要离开一下再回来接他？"另一个老师则对我说："他真是很容易信任大人的孩子啊，很有安全感，一定是因为过去两年多都在家里由父母照顾的关系。"听到这句话，我很开心。我看到了自己花两年九个月的时间做全职妈妈的价值。至少让孩子在家中成为一个有安全感、容易信赖人的孩子，这将是他社交新生活的起步基础。

离开前，老师说："他适应得很好，明天起妈妈不用再陪着啦！"是啊，确实不需要我的陪伴了，因为他从头到尾都没找我啊！

第三天：妈妈也上幼儿园

前一天晚上才答应可以自己留在幼儿园的阿雷，早上一起床又变了主意，要求爸爸或妈妈陪他去。小孩的特点就是反反复复，所以我又跟去了。

一到园里他就自己跑去玩。我依照老师所说的，离开前一定要跟孩子说再见，结果他玩到根本没空理我。因为很快就要接他回家，老师安排我进屋等待。坐在布置美好的沙发里看书，手上拿着一堆芬兰华德福杂志吸收新鲜知识，我突然觉得自己好像也在上幼儿园，只是和小朋友们不同组！

午餐时间快到时，两个小女生在老师的指导下进屋帮忙布置餐桌、摆设碗盘、上菜，我趁孩子们未进屋用餐前，从侧门离开，还给他们一个不受打扰的空间。

第四天：孩子的安全感哪里来

今天到达幼儿园时，阿雷没看到最熟悉的盖亚老师，于是就退缩了。可见他会先认定一个成人并因此有安全感。盖亚老师一出现，他马上高兴地说："你在这里！"然后就不需要妈妈了。

老师说："他年纪还小，对陌生人或新环境害羞是自然的现象。最重要的是，他有兴趣认识新环境又能信赖人！"另一个老师则来问我："你是不是常带他到公共游乐场玩？他看起来很适应这样的环境！"

孩子们进屋用餐前，我听到好几个人在喊他，他突然哭着问："妈妈在哪里？"我故意躲在角落不过去，老师在几秒内就将他安抚下来。做父母的总要学会放手，孩子才能成长。

第五天：孩子独立了吗？

这天换孩子的爸爸带他去幼儿园。爸爸反馈说他跟阿雷说再见时，他居然回答："阿雷是大小孩了！阿雷可以自己一个人留在幼儿园！"

我听了真是感动，哪怕小朋友的情绪反应还会因状况不同而有改变。能够在没有哭泣、没有分离焦虑的情况下，自然而然适应没有父母在身边的短暂时光，也已经很棒了呢！这也表示，他正好到了适合进幼儿园的年纪，而这渐进适应的方式，既尊重家长也尊重孩子的步调。

而让我没想到的是，原来所谓的"适应"还会来个"大逆转"。

"两周后"：当新鲜感消失时，终于哭了

前十天的幼儿园生活都非常顺利，其中一天他午睡时甚至睡着了，这表示他足够放松又有安全感。到了第十一天，大概"蜜月期"已过，他开始不太愿意自己留在幼儿园。去幼儿园的路上一直问爸爸："你会来吗？""妈妈在哪里？""我可以跟你一起去办公室吗？"到了第十三天，阿雷哭着不肯让爸爸离开，着急上班的爸爸只好把大哭的阿雷交给老师。

为什么本来适应得好好的，又突然抗拒起来呢？这大概就是有经验的朋友说的"新鲜感没了，开始理解到去幼儿园是每天既定的事实。"一位在幼儿园工作的朋友说，刚上幼儿园的小孩子情绪都是反反复复的。一开始就很适应的孩子，有可能在两周左右失去新鲜感而不想去。"哭出来也好，毕竟这本来就是需要适应的过程，曾见过一开始没反应的孩子，好几个月后才突然反应过来或是一直压抑在心中，这反而更不好。"

对我而言，倒是没有任何适应问题，看到幼儿园环境好，他也适应得不错，我就放心了。而且，当我重新拥有属于自己的时光时，我发现这样的时光非常必要。因为当我早上能有时间供自己挥洒，他回来后我就会变得更有耐心、爱心去好好陪伴他。

① —— 八月时，院子里的水道让孩子们尽兴地玩，上方架设一块大白布遮阳

② —— 幼儿园内部一景

③ —— 孩子们的餐桌，一个小桌旁边围坐五六个小朋友和老师

④ —— 院子旁的风向球

安抚与放手之间的那条线

虽然妈妈很"放得下"，然而直接面对孩子因为"害怕分离"的哭声，还是不容易。

在他的适应期中，有一回我带他去幼儿园他快哭时，我一时不忍心地抱了又抱，努力安抚，结果越安抚越糟。在母子连心的情绪下，我完全忘记此时最好的做法，就是在孩子未哭前离开现场！当盖亚老师过来把他抱走时，他边哭边喊："妈妈，再抱我一次！"我说："好！"但是老师听不懂我们母子的中文对话，就把他抱开了，他张开双手对着我狂哭，我没有做到我的"承诺"，只好跟进去问老师可否再抱他一次，结果当然没有正面的作用，阿雷抓紧我不肯松手，最后还是以"孩子大哭，妈妈转身离去"收场。

回到家后，我的心吊着无法"安心"。我知道老师们会妥善照顾他，也知道他不会哭太久，但是那"分离画面"让我心疼，也知道不是最好的处理方式。还好盖亚老师贴心，半小时后就特别传来短信："阿雷只哭了一下下，现在跟我待在厨房里，我准备午餐，他吃面包。"顿时我就放心了，从心底感谢老师们的体贴。

当天去接孩子的时候，另一位老师告诉我："最好在孩子未哭之前交给老师，孩子的情绪就会稳下来，如果家长一直不舍，顺着孩子的意愿抱不停，孩子会更难放手。"其实我也知道啊！一向自认为是放得下的家长，没想到我竟也"破功"，一瞬间的情绪没放下，就造就一幅"难舍难分"的画面，反而让孩子哭更久。

我向老师道歉，抱歉造成他们的麻烦，同时也感谢他们特地传短信让我放心。"别客气！'安抚孩子'与'放手'之间的那条线是很难拿捏的，我们都是母亲，可以了解母亲的心情。"

孩子和妈妈轮番破功，对他而言是一个新阶段的学习，对我而言也是一堂学习放手的课。还好分离的眼泪只持续几天，一周内孩子就不再哭泣，有能力挥手跟父母说再见了。

原来，适应这回事就像是旅程一样，高低起伏，常常出乎预期，面对想象之外的发展与转折，似乎也是我们要共同学习的功课。每个孩子适应的方式与时间长短都不同，只要有耐心顺应孩子的性情，陪伴他、接受他自然的反应，相信他的能力，终会走到一个适应的平衡点上。

这是孩子成长过程中的一大步，我们一起做到了。

① ——门边的摇铃，提醒孩子们收拾玩具，准备用餐
② ——孩子们睡午觉的房间，老师会坐在这里讲故事给他们听
③ ——幼儿园的窗前，总是摆着学前班孩子的手工作品
④ ——幼儿园客厅的手工艺家具

关于爱、安全感与分离焦虑

孩子上幼儿园的第一周，我因为陪伴而有机会从旁观察华德福的理念和做法。我在这个过程中收获满满。

用温和固定的作息仪式带领孩子

幼儿园每天都有很固定的活动和作息仪式。

除了每天早上都会说故事外，每天九点到十点之间的安排都不同。周一是森林之旅、周二是烘焙、周三室内游戏、周四绘画、周五优律思美（由华德福教育创始人鲁道夫·施泰纳发展出来的表演艺术形式，结合肢体与音乐律动表现）。

十点到十一点通常是户外游玩时间。

十一点左右，两个孩子会先进屋当"厨房小帮手"，穿上专用的厨房围裙帮忙布置餐桌。同时，老师会摇动挂在屋边的摇铃，提醒游玩中的小朋友收拾的时间到啦！大家就会开始把玩具收回箱子里、玩具车停放好，一切都物归原位后进屋换下外衣，穿上室内鞋裤，轮流洗手。

大约十一点二十分，孩子们会围坐在客厅的一角，由老师带领唱着柔和的旋律玩游戏。柔和美好的歌声正好让孩子平静下来为用餐作准备。然后，当日帮忙准备餐具的"厨房小帮手"开始"点名"，被点到名的孩子就入座用餐，这种方式让孩子不会争先恐后地挤成一团。

这里有四张小餐桌，一张桌子最多围坐6位小朋友，并至少有一位成人相伴。这些温和的"仪式"，让孩子很清楚知道接下来要做的事，用餐前的温柔歌声也让人平静舒服地进入用餐的好心情。

安全感，来自内心对爱的完全信赖

每当我们把孩子交给幼儿园里主要的照护者盖亚老师后就可以安心离开，我们知道他不会想念我们。看到孩子认定"一位成人"，并因为"她"而有安全感，不依赖父母，有任何问题都跑去找"她"而不是找"妈妈"时，我觉得很安心。因为这表示他不需要"妈妈的存在"也能有安全感，他也可以信赖别人，这反映的是他内在的安全感。

而我对于妈妈这个角色完全被忽略，不但不觉得失落反而还很开心，因为他让我看见他可以独立！这正是我想要的亲子关系，相爱而彼此独立着。短暂分离时不用想念，相聚时仍然可以深深拥抱。这大概是孩子上了幼儿园后，最让我欣喜而感觉幸福的事情。

我跟老师说："他比较容易信任大人，跟小孩玩好像需要多一点时间熟悉，比较慢熟。"老师说："这很正常啊！他过去两年多一直在家里由大人照顾，这是自然的哦！"的确，小孩进入一个陌生环境，需要亲密的大人相伴是再自然不过的事了，无论那个大人是自己的父母还是新认识又愿意信赖的老师。很多时候，孩子不一定是害羞，也不是不想融入群体，他只是依照他的个性、年纪与生活经验而有不同的反应罢了。我看到另一个四岁多的孩子，早已上过一年的幼儿园。转学来这里的头几天也还是拉着妈妈的手，不太敢跑远去跟其他孩子玩。

当我说"阿雷似乎有一点害羞"时，老师总是回答我："这年纪的孩子都是这样的，来到一个陌生的环境，几乎每个孩子都需要适应。"对这些看惯各种小孩的老师们来说，孩子对新环境和新的人需要时间适应，似乎只是这个年纪自然的心理发展与行为表现。

孩子确实各有天性，要能多站在他们的角度理解观察，而不是只站在成人的角度评论，真的是我们要学的功课呢。

谁的分离焦虑

通常提到上幼儿园，人们想的都是"孩子如何适应"，然而我发现园里的老师们也很关心"家长如何适应"。一位家长就说："为了是否让她上幼儿园，我挣扎了好久，毕竟谁能照顾她像我照顾得一样好呢！"我们听了都笑了。我虽然没有同样的紧张感，但有一阵子也曾忍不住想，他在家里应该会被照顾得最好吧？因为我最了解他，而且我是"一对一"地照顾他。然而，从我决心放下不舍，送他上幼儿园的那一刻起，我就清楚自己该怎么做了。在现场远距离看了两天，看到老师们有能力迅速安抚，他也适应愉快，于是我放心把孩子留在那里。既然放了心，就没有焦虑。

老师们一再强调，"焦虑的"通常是家长，不是孩子。"有时孩子还会担心家长没有他们在身边会不会不适应呢！"照顾孩子的空当，老师常会过来拍拍家长的肩："还好吗？"然后给我们一个温暖的微笑。

孩子小时候看不见妈妈就会惊慌，于是我们用"分离焦虑"这个词来形容那个阶段的状态。孩子逐渐长大我才慢慢体会到"分离焦虑"也许其实是父母心中一辈子的重量，无论孩子身在何方，即使不焦虑，心也总会挂着。孩子总有一天会奔向父母无法完全触及的世界，从来都是父母想念孩子的多啊。看来，幼儿园老师们对"父母状况"的关心，其实也暗示了接下来的这一段成长路。

冲突，可以温和地处理

这一周里，我也正好看到两次老师"处理冲突"的状况。

有一次，一个小男孩抢了另一个小男孩的东西。被抢的孩子哭了，一位老师过去要男孩把东西还给对方，同时安慰着被抢的孩子，另一个老师则走到抢人东西的男孩身后，轻轻地把手放在他肩上，环抱着跟他说话。两个孩子，各由一个老师看护，冲突和平地解除了。没有叫骂，但是有行为上该如何做的坚持，虽然看似一个欺负人、另一个被欺负，但两个孩子都需要成人温和的关心与引导。

另外一次是户外活动时间，一个孩子自己拿着浇花壶想进屋取水时，被老师喊住。老师蹲下来以孩子的高度问他："你有没有得到允许呢？"孩子说："我想要拿水。""我知道你想进屋拿水，但是你应该先得到允许再做哦。"老师继续蹲着面对孩子，两手握着孩子的双手跟他说话，大概是教他在户外活动时间时，不能未经成人允许就进屋取水。说完后，老师就陪着孩子一起进屋取水，一起浇花。

我常看见幼儿园的老师们蹲下来握着孩子的手，跟他们说话。从蹲下来的那一刻开始，视角就改变了，不是成人由上而下看着幼儿，而是与他们站在水平的高度，看他们的世界、理解他们的感受，并适时地引导他们。

虽然只是两个小小的场景，也许我看得并不全面，但至少看到这里的老师不会大声叫骂，他们有自己的规范和原则，会坚定制止孩子做不该做的事，不知是否该说这是一种温和的坚持呢？至少，温和的坚持，也是我希望自己可以做到的育儿态度。

我越来越确定送孩子来这间幼儿园是个美好的选择，因为我们母子又开始一起成长了，用另一种互相呼应的方式。

❄ ✳ 做孩子想要的妈妈

育儿其实很有趣：
所有的幼儿园都一样好？

2013年春天，当我正为了孩子该上公立幼儿园还是私立华德福幼儿园而犹豫时，一位芬兰妈妈的话对我很有启发，她说："芬兰所有的幼儿园都一样好，选哪家都很好。"我想，这应该是很多芬兰人的共识。

我想大部分芬兰家长选择把孩子送去离家最近的幼儿园，也许也正是因为对幼儿园有着基本质量的信任。芬兰公立幼儿园很少在申请结果确认前开放家长参观，一来是为了减少时间和心力的分散，二来或许也不觉得有参观的必要。

不过，是否每一间幼儿园都一样好，当然见仁见智。阿雷上了一年半幼儿园后，我在与其他家长的交流中发现幼儿园之间可能还是存在一些差异的。在不同幼儿园工作过的家长就认为小一点的幼儿园更容易照顾到孩子的需求。幼儿园之间因为理念、环境和老师个人的风格都难免会有所差异。

但是每个芬兰幼儿园都必须遵守地方政府的指导方针，并有受过专业训练的师资。城市也让幼儿园散布各处，这一点让人看见"平等精神"的体现，也难怪大多数芬兰人仍对幼儿园的平均水平有一定的信任度了。

孩子最期待的家访

阿雷开始幼儿园生活的第16天，老师邀我们夫妻俩去"新生家长会谈"。在芬兰，市政府规定所有新生入园时，老师与家长必须有正式会谈。

与我们会谈的老师共有两位，一位是阿雷的主要照顾者盖亚，另一位是园长安娜莉。她们手上拿着一份我们送阿雷入园时填好的资料，包括家长的期望、孩子的嗜好、处理冲突的方式、饮食穿衣等生活细节，以此为基础深入讨论。

会谈，先讨论孩子的成长与适应

"到目前为止，你们对阿雷上幼儿园的感觉如何呢？"盖亚问。

"送他上幼儿园之前，我们本来有点担心。自从看到他对幼儿园的环境适应良好后，就完全放心了。尽管阿雷最近早上被送去幼儿园时会哭，但是回家后，总是说很喜欢幼儿园，还要再来。"我说。

"他今天来就没有哭了哦！他还不到三岁，虽然已经到了对其他小朋友有兴趣的年纪，但还是很需要父母的陪伴。你们每周只让他来四个半天，这真的很好。"安娜莉老师说。

接着，我们开始就孩子生活的各层面进行讨论。

"你们在家中跟他说两种语言吗？"

"嗯！我只跟他说中文，老公跟他说芬兰文。"我点点头说。

"太好了，这是双语家庭的语言教育模式，父母双方一定要各自说自己的母语！"这一点从我初到芬兰开始就被各界人士提醒好多次了。

"阿雷目前在学校有跟别的孩子互动吗？"我问。

"他年纪还小，互动不算多，但偶尔会跟一两个孩子玩，用他自己的语言程度来和别人说话。我们其实私下觉得很惊奇，就他的年纪来说，他的芬兰文词汇量真的很大，而且讲得非常清楚，句子也很长。他还会说同样程度的中文，语言能力上应该很有天赋。"

老师们还说："我们平时会玩很多团体游戏，阿雷虽然新入园又是最小的幼儿，但他每次都非常认真地聆听和观察，而且会试着融入一起玩哦！"

爸爸接话："他会把幼儿园发生的一切带回家里展现，昨天洗澡时他就拿澡盆里的小船当蛋糕，点名每位老师和一个叫作'松杜'的女孩把蛋糕分给大家。"

"松杜是用餐时坐在他身边的女孩，去年她是幼儿园里最小的，所以她现在能明白阿雷有时需要帮忙的处境，也乐于扮演小姐姐的角色。"显然，幼儿园的场景开始在家中以角色扮演的方式出现。

"而且他很有安全感，有时我们园里会来一些陌生的成年人，大多是家长或是工人，有些小孩会害怕，他完全不会。"老师说。

讨论到他的穿衣能力时，老师与我们的观察相符："他会自己穿裤子、鞋子等。"

"不过他还不会自己穿脱上衣。"我补充。

"还没必要，真的。"安娜莉老师马上这么说，看来这里的老师似乎总是希望我们照着孩子的步调慢慢来，不用急。

对家长的教养理念予以尊重

接着讨论到吃东西的习惯。我们告诉老师他什么都吃，但我们平常不供应甜点。

"你们是不是不给阿雷吃巧克力？"昨天一位实习老师正好跟我提到有小朋友在生日会上请吃巧克力，阿雷很惊讶他居然也有。

我告诉实习老师通常家里不给，老师一听就说："好，我马上去记录下来。"他们很有效率，马上就通知了所有老师。

老师接着解释说："我们平常也不给，但是小朋友的生日会上有时会带巧克力来，所以我们要先跟你们确认，如果你们不想给，我们就不给。"

老公则说："如果别的小孩都有他却没有，感觉可能不太好。我们在家里限制就好，幼儿园里还是可以给的。"

老师又特别问我："那妈妈的看法呢？"

"爸爸说得有道理，可以给。"我回答。

"你来自台北，有没有需要我们特别注意的文化差异呢？"盖亚问我。

我想了想说："应该没什么吧。跟大部分芬兰人不同的是我没有固定给他喝牛奶的习惯，这也不见得与文化有关，纯粹是我个人不觉得牛奶有绝对的好处。不过他偶尔跟着爸爸一起喝，我也不介意。"

"我们午餐时会给孩子一杯牛奶或一杯酸奶，有没有关系呢？我们希望依照你们的期望来照顾孩子。"

"当然没问题啊！"我真心感谢老师们在对孩子生活细节的照护方面也展现了对家长的尊重。

温馨而正面的家访体验

长达一小时的会谈既让老师们更了解阿雷在家中的作息习惯以及父母的教养理念，同时也让我们更了解孩子在幼儿园中的状况。

"我们还需要再跟你们约一次家访的时间。为了了解孩子的居住环境，市政府规定每个新入园孩子的老师都要去家访一次。一般都是一位老师去，但是我们幼儿园的传统则是四位老师一起去。因为我们会轮流照顾你们的孩子，希望可以了解他的家庭环境。如果他提到家里的玩偶，我们才知道那是什么东西，这对孩子的沟通很有帮助。另外，当孩子在自己熟悉的环境中看到幼儿园的老师们时也会多一份信任与安全感。"老师们接着说明："不用准备东西招待我们哦，这不是社交情境，我们只会待15～20分钟就离开。"

一两个月后，家访到来了。

阿雷很兴奋地期待着，门铃一响就冲去开门。果然，门前站着四位老师。他们进屋后，先请阿雷带他们去看他的床在哪里，都抱着什么小玩偶睡觉。然后大家来到客厅，老师问阿雷常常在幼儿园里提到的黑色小车是哪一台，阿雷很兴奋地拿车子给老师看。幼儿园与家中的体验就从这一个小动作中联结了起来。

阿雷经常在家骑滑步车绕屋一周，这会儿他更是绕个不停，想"秀"他的骑车技术。我想他一定很开心老师们来家里看他，可以分享他在家中的生活。我与老师们边看他骑车边坐在客厅里聊着阿雷平常在家的活动。

十几分钟后，老师们就起身离开了。要离开前，盖亚老师跟阿雷拥抱道别，阿雷很舍不得，一直问我老师还会不会再来。

在幼儿园的家长会谈以及老师们的家访之后，我确实感受到这样的安排让孩子两边的生活有了某种程度的联结。

老师们说，家访让他们知道孩子"从哪里来"、"离开幼儿园后回去哪里"。每个孩子的生活细节都更加具体了起来。

对孩子而言，在家里看到幼儿园的老师来访，更有亲切感与安全感。

对家长而言，会谈让我们更深入地与老师沟通孩子的成长状况与教养期待。家访则让我跟幼儿园之间，在心理上更为"亲近"，觉得老师们"在乎并且有意愿了解更多"，家长也可以更放心地把孩子交托出去。幼儿园与家不再是毫不相关的两个"场所"，而是互相联结的空间，两边都影响着孩子的成长。

回想起自己小时候，一想到"家访"就觉得好像是只有自己犯了错，学校老师才会进行的事。这回幼儿园老师们的"家访"既温馨又正面，也算是育儿路上的新鲜体验了。

家长会居然变成艺术体验

十月，幼儿园邀请家长们在下午五点半，幼儿园关门后前往秋季家长会。我一直以为家长会就是家长与老师的座谈，没想到这个家长会竟让我体验了艺术创作与自我的关系！

早在家长会的前几天，门口的布告小黑板就已经写上告示："欢迎来参加一场很有趣的绘画体验家长会！"走进屋子，两位老师迎接我们到客厅，另一位老师手上拿了一叠五颜六色的纸条，请我们选择一个颜色，我选择了蓝色。

家长们到齐后，就开始自我介绍。主要介绍自己与孩子大约什么时候开始来到幼儿园。老师们也同样介绍他们的家庭，如有几个孩子、大约几岁。

请家长参与"社交绘画"

接着，老师指着布置在客厅角落的画桌，桌上有四片木板，木板上放了两大张纸，旁边有五六支画笔和五六罐颜料。

"我们想请各位家长体验一下'社交绘画'。所谓的社交绘画就是用绘画作为一种对话交流的方式。你不需要很会画，只要拿着属于你自己的色彩在画作上点几滴、画几笔就可以了。"你也可以只是单纯地看着别人画，当你感觉想画时再加入作画的行列。如此一来，绘画活动就像是一个对话的过程，每个人的个性不同，想对话的方式也不一样。有的人喜欢找一个空白的角落作画，有的人喜欢混到别人的颜色里，参与别人的画作。无论用什么方式，最后我们的画布都会融合出一幅色彩斑斓的美丽作品。

幼儿园老师们事先准备好四块作画区，请家长们依照手中选择的纸条颜色（蓝、绿、橘、红）分别前往属于自己的区域。我们这一组（蓝色）有四名家长、一名实习老师共五个人。桌上的颜料，有两罐蓝色、一罐黄色、一罐橘色、一罐红色。我们各拿一种颜色开始作画。一位爸爸率先在画纸上大笔一挥，画下一抹蓝色，接着我上前在旁边画了一圈黄色，一位妈妈则在纸上滴了好多滴橘色，然后实习老师走上前将红色混入我们的色彩中。接下来的十几分钟里，我们凭着自己的个性、直觉、感受，在想要的时机，用喜欢的方式作画。一点一滴的，纸被我们的色彩填满，颜色也从单纯的四个颜色自然地混合成多种色彩。

原来，我们用绘画对话

在这个过程中，我观察着别人也对照着自己。我们之中有人小心翼翼，有人一开始就大方挥洒。而我自己则是一开始谨慎观察，渐渐在过程中变得放松，勇于在画中做各种尝试。开始加入别人的画，融入，甚至更改别人的颜色。我用我的黄混入别人的蓝，漂亮的绿从中而生。然而，我并不是为了制造绿色才这么做，而是自然而然地想尝试"如果我画在这里会怎样"，结果对我而言，有如一个小小的、美丽的惊喜。

绘画是我们的语言，就像人与人之间的交流一样。有些我倾向留白的地方，别的妈妈会主动为它填满色彩；我一开始只有寥寥几笔，有的妈妈则马上开始挥洒笔墨，这都反映了我们的个性特质。在群体之中，我一开始比较谨慎，会先小心观察，一旦放松后表现又会不同。此外，我在与好朋友聊天时话会很多，但是在群体之中我更喜欢安静聆听，并不觉得一定要把所想的全部说出来。

一开始，大家会偶尔闲聊两句来填补"尴尬"，等到越来越放松之后，大家的话反而少了，取而代之的是安静与专注的自在。我们都在过程中越来越听从自己的直觉，也越来越不受拘束。老师们在桌与桌之中游走，来到我们身边时说："这个过程会让人很放松、很舒服，孩子们在幼儿园的绘画时光也是如此，每个孩子都很享受。"画快要完成的时候，老师请每一桌的家长们都在另一张白纸上签字，标明是哪些孩子家长的作品，"因为我们要把家长的画作展现给孩子看，孩子们看到家长合作创作的画时，会感到惊艳又开心！"

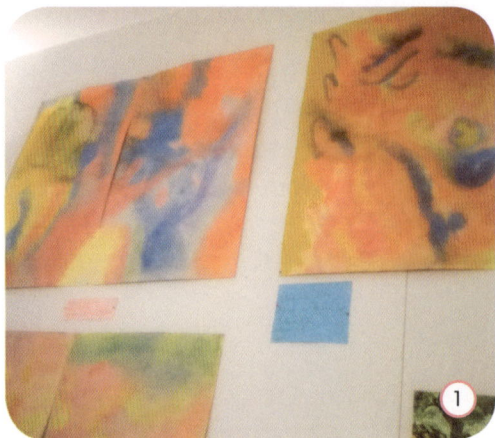

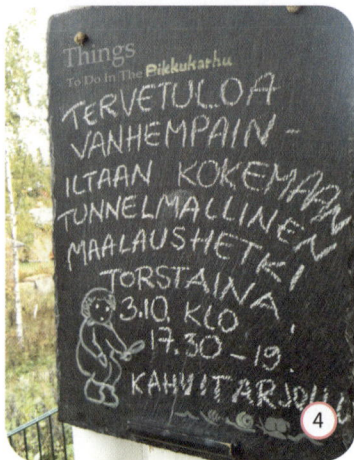

① —— 老师们把家长的作品挂在墙上让孩子们欣赏

② —— 另一次家长会，则是在烛光下讲故事给家长听，体验孩子每日早晨的故事时光。这是门口的家长会活动告示

③ —— 喜欢在自然中奔跑、玩叶子的孩子

④ —— 幼儿园的告示黑板上，通知家长会有一场很有趣的绘画体验家长会

让家长体验幼儿园的生活场景

接着，一位老师开始用缓慢、清楚、坚定的语气说："现在，请你们大家排好队，到洗手间把画笔和颜料盒洗干净，洗完以后请拿来桌边放好，画笔请依照大、中、小的顺序排好。"另一位老师同时对我们眨眨眼："这就是我们平常绘画时段结束时对孩子们说的话。"用这样的方式，家长们也同时体验到孩子在园中的绘画时光。

家长会结束后，我在网上与朋友们分享这个特别的体验。同样居住在北欧的其他妈咪纷纷表示没看过这么"文艺"的家长会呢，大部分的家长会都是座谈，偶尔烤个芬兰香肠，边烤边聊。我想重点其实不在活动本身的"文艺性"，而是在于让家长们亲身体验到孩子在幼儿园里的活动。我曾好奇地询问老师家长会通常都做些什么，老师告诉我每一次的主题都不同。"我们想让家长有机会了解孩子在幼儿园的生活，这次是绘画，之前也曾带领家长们体验晨圈说故事的时光，这些都是幼儿园的例行活动。"

我在这一晚体验了孩子的日常活动，孩子明天也将在幼儿园中看到我的创作。幼儿园不再只是"把孩子放在那里找人看管的地方"，还是"家长与孩子的共同生活体验"呢！

从活动到轻食讨论，走进孩子的生活

绘画体验结束后，老师与家长们合力将桌子并成一个长桌，摆上美丽的长烛。家长们一边享用轻食和咖啡一边讨论幼儿园的管理事宜。

白色的桌巾上摆着一盆又一盆带着季节性特色的芬兰轻食。面包篮里，有深色的裸麦面包（老师告诉孩子们这叫作深色面包)，有脆得像饼干的裸麦干面包，还有老师亲手做的荨麻叶面包，配大蒜奶油（老师说孩子们都好爱大蒜奶油，请家长也吃吃看），另外还有色拉、小黄瓜、酸黄瓜、西红柿可搭配。还有当季的森林小红莓和苹果烤燕麦甜点，佐香草冰淇淋（考虑到有些家长可能对麸质过敏，因此同时提供含麸质与不含麸质的冰淇淋）。

老师们还分享了如何纾解小男生用不完的精力。因为幼儿园中男生比女生多两个，加上男孩子精力特别旺盛，因此需要尽可能帮小男生的精力找到"正向的发泄处"。有一回，两个小男生就被带去帮忙整理家务，据说还整理得很好。负责厨房事务与烹调的盖亚老师很风趣地说："如果你的孩子回家后告诉你他今天被盖亚带去厨房谈话，就表示他在幼儿园里捣蛋了，被带去'冷静'一下！"

老师们也强调，当看到小男生互相冲突时，最重要的就是将两个孩子的情绪尽快安抚下来。有时老师们甚至会设计玩"抱抱"的团体游戏，虽然有的小男生一开始会不愿意，但其实每个孩子都渴望拥抱，也都真心喜爱。此外，家长们还讨论了新的健康安全规定与幼儿园的行政事务。

就这样，我们在暖暖的烛光下被轻食填饱了肚子也温暖了心头，一场别开生面的家长会结束了。留下的是家长们参与孩子生活的艺术创作，带走的是一些新的省思和体会。

育儿其实很有趣：
物价昂贵的芬兰也有平价运动游戏课

在芬兰，除了"宝宝游泳课""音乐游戏课"很热门外，1～3岁幼儿的"运动游戏课"也是许多父母喜欢带孩子参加的课程。

在我居住的城市，这些课程由政府教育中心提供，一推出就马上额满。一季12堂课左右，竟然只要28欧元（约合人民币210元）而已，在物价昂贵的芬兰，这真的是超便宜的课程啊！

课程安排在有各种体能训练设施的室内场地。老师会先放音乐，请父母和孩子一起律动，然后就让孩子们自己使用各项设施：走单杠、爬梯子、溜滑梯、钻洞、吊绳索、荡秋千或在软垫上翻滚。

老师也常带领孩子们玩不同的团体游戏。比如拿一个大帐篷让孩子们坐在上面，大人们则拉着帐篷边缘绕圈跑步，让小孩坐在中间旋转；或是将厚纸板卷成球棒，让孩子练习用不同的方式击球。最后，老师会请父母搂着孩子听一首温柔的宝宝儿歌来结束这个课程。阿雷非常喜欢运动游戏课，喜欢尽情伸展肢体，体验各种动作带来的快感与乐趣。

虽然芬兰物价很高，然而游乐场却是免费的，再加上平价的运动游戏课，这一点让人看到了芬兰人的育儿观：孩子就是要多动！"妈妈宝宝中心"的护士也建议大家一天至少要让孩子在户外活动两个小时！

大家也试着多让孩子在户外奔跑游玩或是在室内进行体能运动吧！能多动，就是健康生活的第一步。

懂得感恩，学会勇敢

华德福幼儿园总会在每年的九月底十月初时庆祝"秋收日"，也就是所谓的米迦勒节。幼儿园会提前一周通知家长各自准备蔬菜水果或是自家烘焙，老师则会准备秋收日大餐。那一天还会给幼儿园搭配上属于秋天的自然装饰，孩子们在这一天也会打扮成骑士或公主。幼儿园中会讲与秋收日相关的传奇故事，并且将餐桌搬到客厅，让孩子们体验长桌式的庆典午餐。

一个秋收日的庆祝，连续两年都让我有不同的收获！

小朋友的长桌午餐，竟然如此平和安静

首先让我讶异的是小朋友可以如此安静、平和地长时间用餐！

秋收日当天我们一如往常地走进幼儿园准备接小孩离开。十二点左右，通常孩子们都已用餐完毕，但这天走廊上却一个人影也没有。客厅入口处的滑门拉上了四分之三，滑门后不断传来刀叉碰撞的声音，原来孩子们还在吃午餐。

一位老师经过前廊看见我们，笑着说："你们要不要从缝隙瞄一下？小孩们今天都特别围坐在长桌边吃饭呢！"我与孩子的爸爸走到滑门边，只见老师与二十几位3～6岁的小孩们将幼儿园的客厅变成中古世纪的长桌餐厅，小公主与小骑士们坐在桌边享用午餐。阿雷看上去已经吃饱了，但还是乖乖坐在那里看着别的小朋友用餐。过了一会，一个小孩爆出哭泣声，但很快就平静下来。这么小的孩子们可以长时间用餐，愉快中仍然井然有序，这让我觉得惊奇。

我想起另一位家长曾说过的话："这里的老师们从不对孩子吼叫或大声责骂，因此孩子们也得以养成平和的性情与举止。"看来真是如此。

每一餐都要感谢天地与食物

等待的时间里，我欣赏起挂在前门廊上的自然吊饰，那是老师亲手做的灯笼花饰，自然的秋意就这样被带进室内。

客厅里开始传来小孩们感谢食物的念谣声："感谢食物、阳光与土地，也感谢所有准备食物的人！感谢盖亚！"盖亚是每天负责料理午餐的老师。

简单的两句话在我听来却非常动人，尤其是那对阳光与土地的感谢，让人再一次体会到人与自然的深刻联结，在庆祝秋收日的这一天更是别具意义。幼儿园里的好习惯，从孩子开始影响全家人，我们都因此学会要在餐后感谢食物。

让孩子在这一天学习勇气

所谓的"秋收日"既是芬兰传统的四季节庆也是华德福体系的重要节庆。华德福体系的学校和幼儿园会在这一天用庆典感谢大地赐予我们丰收与食物，并布置宴会用的长桌来享用秋收作物，例如根茎类食物、青菜水果等。桌上也会布置秋天的花果与叶子。

传说米迦勒是中世纪战胜邪恶的骑士，代表灵魂的勇气。他总是三思而后行，象征人类为自己的行为负责的本质。秋收日正是秋分来临时，面对逐渐黑暗的天日，人们容易因此迷失自己或失去勇气。当自然逐渐沉默，候鸟都离北国而去时，人们更容易感到孤单。因此秋收日强调要给自己信心和勇气，成为更勇敢的人。

幼儿也许还不完全理解战胜邪恶与恶龙这样的传说，因此，让幼儿庆祝米迦勒节的方式也可以是让孩子们在泥土中为来年的春日埋下花苞的种子，或是将谷类作物磨成粉、自己揉面包。

一位同在芬兰的台北妈妈说他们的幼儿园这一天没有变装活动，倒是会玩很多和秋收有关的游戏，比如一起烤苹果派、做葵花籽面包，老师还煮了好喝的蔬菜汤呢！

今年秋收日庆典结束后，孩子常常唱起一首歌，歌词重复着："给我勇气、光明……将韧性和力量放进我的心里。"他如此自得又快乐地哼着歌，我与孩子的爸爸则互望一眼，认为这首歌的歌词写得真好，可以在小朋友心中自然而然地播种下勇气。

这个秋收日，还真的庆祝得很有意义呢。

让孩子借助故事飞进想象的世界

有一个同在芬兰的台北朋友问我："为什么华德福幼儿园在这一天要让小孩打扮成公主和骑士呢？芬兰的历史与传统中并没有公主和骑士啊，扮成村姑和农夫可能更像吧！"

我想在这一个特殊的节庆中扮成公主与骑士是为了让幼儿走进故事中。幼儿其实不需要也不应该只是活在"现实的反映中"。相反的，幼儿需要故事与故事中的角色带他们飞翔，飞进想象中的、现实中不存在、不随处可见的世界。扮成公主与骑士，让幼儿全身心都走进故事里，让想象力自由，用一种与平日完全不同的方式来体验和庆祝，这也许是扮成公主与骑士的另一层意义。

而我自己既喜欢以揉面包庆祝芬兰庆典的方式，也喜欢华德福幼儿园用骑士与公主带领孩子体验另一个时空的仪式感。不同的庆祝方式会从不同的角度丰富孩子的生活。游戏、活动与自由的想象空间让孩子与传统联结，秋收日也因此有了特别的意义。

1 —— 第一年小骑士体验，盾牌和宝剑都是纸做的

2 —— 第二年，穿妈妈亲自做的骑士披风

3 —— 秋收日的客厅布置，有故事桌，也有象征丰收的食物台

独特的幼儿园生日会

阿雷三岁生日的这一天，我与孩子的爸爸、爷爷、奶奶一起来到幼儿园，因为幼儿园要为他举办一个生日会！

华德福幼儿园很重视各种节日和孩子们的生日。开学时我们还在"新学年度活动计划表"上看到了所有孩子的生日会时间安排。生日会当天寿星的家长也会受邀一起庆祝。

专为寿星设计的小生日会

到达幼儿园后，负责的老师引领我们进去，先口头告诉我们大致的流程并且建议我们在不干扰小孩庆生活动的时间段照相。

"等大家就位并点上蜡烛后，你们就可以照相啦！接着我们会准备两个常玩的团体游戏来帮他庆生，今天选的游戏都是他最喜欢的！"老师开心地说道。我想老师们平常一定很细心观察，了解每个小朋友的喜好，就连庆生也依照孩子的喜好而定。

生日会开始！老师请小朋友们准备入场，并在每个进来的孩子手上滴一滴玫瑰油，让他们抹抹手和脸，玫瑰的香气是庆典前的仪式，也是庆生日的专利。每个孩子都擦了玫瑰油，在自己的小桌边坐下，然后老师就邀请寿星到后面的房间着装，要帮他戴王冠、披披风，寿星有两个"荣誉随从"，早已提前戴上头冠和披风，在房间里等着迎接他了。

寿星穿戴披风王冠的时间里，老师则一一点名，被叫到的小朋友就开始排队进场。我们也被点名，排在所有小朋友的后面。大家依次进入客厅，地板上已铺了羊毛毡让大家入座。最后，小寿星在两个荣誉随从和老师的陪伴下入场坐下。老师为他点起蜡烛，边点边说着："在三年前的今天，阿雷出生，来到这个世界的时间比预计的早了几周。"我一听才明白，难怪前一天另一位老师特意在聊天时问我阿雷是否在预产期出生，原来他们想要分享阿雷的成长故事。

"时间过得很快，不知不觉地，阿雷就满了一岁。"老师说到这里时，为阿雷点起了第一根蜡烛。老师边说故事边将第二根和第三根蜡烛点上。寿星身边的荣誉随从之一则递给他一个装着礼物的小竹盒，里头有一只绒毛小老鼠，那是幼儿园送他的生日礼物。老师邀请寿星一起把蜡烛熄灭。然后就是特别为他准备的游戏时间。

第一个游戏是"选卡唱歌"。老师在他面前放了一个盒子，盒子里有各种歌卡，请他随便抽，抽到什么卡大家就唱什么歌。几轮过后，换第二个游戏。大家站了起来，手牵手绕着圆圈唱歌。一个小朋友先站在圆圈中间，大家唱到特定的段落时，互相牵着的手会抬高变成好多小山洞，站在中间的小朋友就自己选山洞，钻过来又钻过去，钻到歌曲的最后，再推另一个小朋友到中间，继续这个游戏。

生日会在两个游戏之后告一段落，老师请小朋友们把地上的羊毛毡收好，此时用餐时间快到了，也是家长该离开的时候了。幼儿园会邀请寿星的家长带一些食物来请孩子们吃，可以用买的，也可以自己做。喜欢烘焙的我当然是选择自己亲自动手制作。由于园里有几个小孩分别对麸质、牛奶、鸡蛋过敏，所以我做了一个完全不含奶制品也不含面粉麸质的威尼斯红萝卜蛋糕，还做了38片完全不含蛋的薰衣草饼干，这样就可以让每个孩子都有适合自己的食物了。

"不领情"的小孩子

如此温馨的庆生真的很棒，真要说有什么"可惜"的地方，就是我家这位寿星从头到尾都"不领情"。

跟着父母和爷爷奶奶来到幼儿园后，阿雷突然害羞起来，不太愿意融入大家。当老师蹲下来两手握着他的手请他到房间去戴王冠、披披风时，他虽然答应进去，却一直在说："可是我不想戴这个！"老师邀爸爸去帮忙也没用。最后，只见两个穿戴完备的荣誉随从带着我家这位什么也不肯穿戴的孩子一起入场。"没办法，再坚持下去他大概会哭，只好由他去。"爸爸说。坐下来之后，他一脸严肃，看得出来不太自在，礼物盒也不肯打开，最后还是荣誉随从姐姐们帮他打开了礼物。老师邀请他一起熄灭蜡烛时，他一开始也不肯，结果是老师很有技巧地先请他在旁边看，最后他才伸出手和老师一起熄掉烛光。玩团体游戏时，他不肯抽卡，最后是随从姐姐们轮流帮他抽了一张又一张，这位小寿星始终脸色紧绷。玩他最爱的过山洞游戏时，老师请他站中间，他不肯，紧紧抓着父母的手，哪怕我们提议抱着他一起玩，他还是不肯。一直到游戏结束，寿星都坚持不肯玩游戏。

整个过程中，我常常和孩子的爸爸面面相觑。这小子真是一点都不领情，大概是不习惯作为全场的焦点与主角吧。因此在生日会的这一天，我看到的不是个跟平常一样蹦蹦跳跳开心来幼儿园的孩子，反而是从头到尾都不太愿意配合的孩子。我感到有些抱歉，老师们特地用心为他准备的游戏与活动他都"不领情"。然而老师们的脸上却完全没有生气或失望的样子，他们只是笑吟吟地看着他，包容他在生日会的这一天完全"做自己"，引导他、却不勉强他做不想做的事。

生日会结束后，我们准备离开，孩子趴在爸爸的身上坚持不肯"一个人"留下来，老师告诉我们："其实当父母参加幼儿园活动时，几乎每个孩子都会突然变得害羞起来，这是正常的。阿雷平常自己站中间玩游戏都不会害怕哦，他一向很投入也很有活力的。"

我很感谢老师们以一种理解的心情来接纳他、包容他。最后，老师请阿雷帮忙分发妈妈帮他准备的薰衣草生日饼干，我们也趁机离去。午饭过后回来接他时，老师告诉我们一开始他确实很想念我们，不过，帮忙把生日小饼干分完后，他很勇敢地大声邀请所有小朋友："现在欢迎大家来吃东西啦！"孩子们吃完午餐后，也再一次感谢了今天的小寿星！

① ——三岁庆生，两个"随从"姐姐陪伴阿雷
② ——三岁庆生，老师带领阿雷一起点烛火

父母的功课：如何接纳孩子做自己

一场生日会既让我看见幼儿园的踏实与用心，也让我学到很重要的一课，那就是：要支持孩子成为他自己，而不是我心目中想要他成为的样子。大多数的母亲会希望自己的孩子在特别为他准备的生日会上开心享受一切。但是，当他因为各种原因而表现不如预期时，我们心中该如何接受和调适心情呢？是觉得可惜（没有照我想要的状况发生）、不好意思（大家都期待他开心）、生气（他怎么不领情）？还是站在孩子的角度去理解他（大概因为长假不常来幼儿园，或者不习惯成为主角）、了解他（他本来就比较慢熟）、接受他（这是他最自然的反应，他只是做他自己，没有做错任何事）。

理智上，我当然选择了解、理解、接受。对于这位此次生日完全不领情的小寿星，我心中没有任何责备，但情绪上多少觉得可惜。然而我知道，这是妈妈要做的功课。我该学习的是放下心中预设的期望，接受孩子自然的样子。就像老师一样引导他，但不强迫他，理解他、接受他、欣赏他自然的样子。如此想来，这个生日会竟也不再有任何可惜之处。因为，作为妈妈的我又成长了，从实际的经验中学习到如何更尊重、更好地接纳孩子。

感谢我的孩子在三岁生日这一天，又教了妈妈一课！

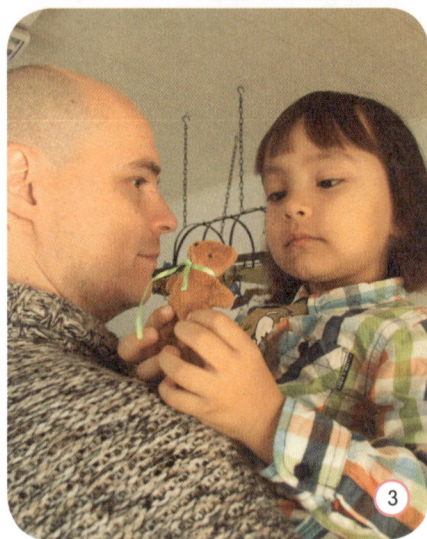

1 —— 四岁庆生时可以选好朋友当随从了，阿雷也不再那么紧张

2 —— 庆生会的小桌布置，有蜜蜡、铁琴、羊毛毡、柔和的彩布、水晶等

3 —— 四岁生日会幼儿园送的礼物

❄ ✳ 做孩子想要的妈妈

秋季庆典：光之节，学习面对黑暗

每年十一月初开始是芬兰的"黑暗季"。天气变得阴沉湿冷、少见日光，冬雪又还未降临。芬兰人常说一年之中最难熬的就是十一月，所以尽管圣诞季还未正式开始，人们总是不约而同地在桌上与窗前都点起烛光，等待圣诞也等待光明。

华德福的幼儿园此时有一个重要的庆典，我称它为"光之节"，正式名称是"灯笼庆典"，也叫圣马丁节。圣马丁是四世纪时的军人，据说他曾割下自己的衣袍与快冻坏的乞丐分享，他的一生是兄弟分享之情的理想典范。节庆的主要意义除了点亮每个人心中的光亮之外，还有提醒人们要懂得帮助与分享。

一如家长们事先拿到的庆典通知单上所写的一段话：

"我们会帮助森林里的小动物。将种子和麦子拿给林中的松鼠、老鼠和其他动物。我们也用灯笼的光亮问候即将沉睡的树木与树丛。我们边歌唱边提着自己的灯笼与光亮。在幼儿园里，我们吃甜面包、喝热果汁。我们带着灯笼回家，也将快乐的心情带回家，帮助我们度过黑暗的时节，同时不忘帮助他人。"

黑暗院子里满是烛光与歌声

傍晚五点半，孩子与家长们陆续抵达幼儿园。尽管此时天色已是一片黑暗，幼儿园的院子里却烛光盏盏。挂在墙上的灯笼花里装了灯，地上的南瓜灯里也点了蜡烛。老师交给每个孩子一包谷物和一个灯笼，并请提着灯笼的孩子们聚集在一起。

庆典开始了，老师说："今天我们一起庆祝光之节，此时白昼渐短，黑夜渐长，灯笼代表我们每个人心中的光，帮助我们度过黑暗的时节。我们也邀请了刚从幼儿园毕业的孩子们跟我们一起庆祝。我们先唱歌，然后绕幼儿园一周，把光带到各个角落后，再从院子后面走进森林小径，大家各自找喜欢的树洞或树根洒下种子，将食物分享给森林里的小动物们。各位家长，孩子们手中的灯笼都是他们在过去一个月的时间里从头到尾自己做成的哦！"

听到这里我很感动，难怪我家阿雷一直盼望着灯笼庆典的到来，因为一个月来一点一滴手工完成灯笼的过程已经在他心中蕴酿成一份期待与盼望，就像大人盼望着光明和白雪一样。

提着灯笼的孩子们聚集在一起，烛光点亮黑暗的庭院，他们唱着：

小灯笼，小灯笼，太阳、月亮和星星。

光亮照耀着，光亮照耀着，照亮了我的路。

小小的萤火虫，在夜间背着小小的灯。

灯的微光渐渐变淡、变暗，只听见萤火虫轻轻地嗡嗡声。

此刻我提着灯笼往前行，我的灯笼跟随着我。

此刻我们向前走，走进光亮中。

此刻灯笼闪耀如星星，光明照耀黑暗之处。

此刻我们向前走，走进光亮中。

在黑暗的庭院里，看着孩子们手中灯笼里散发出的烛光，听着这样的歌谣，真的让人觉得感动。最后，老师在歌声中请孩子与家长们边唱边绕幼儿园一圈，把灯笼的光亮带到园里每一个角落。

1 —— 幼儿园的墙上挂着灯笼花做成的灯

2 —— 幼儿园的窗台布置马车和南瓜

3 —— 光之节，幼儿园的灯饰布置

4 —— 三岁的阿雷做的灯笼和桌上的蜡烛

5 —— 孩子亲手做的光之节灯笼以及孩子的画作

营造温暖氛围也是幼儿园的目标

院子的后门开了，大家提着灯笼走进黑暗的森林小径，眼前一片黑，分不清脚踩在哪里，只有前后几十盏灯笼的微光。大家排成一排深入暗夜森林，美丽如梦境，如光之仪队。

我已经不是孩童，却深深为这黑暗中的光而感动着。我们从一棵树走向另一棵树，把灯笼挂在树上，将谷物洒在森林小径四周。完成后才走回幼儿园的庭院。庭院里，老师已准备好甜面包与热果汁让孩子与家长们享用。一位老师走到我身边，我们聊了起来。

"刚才听说今年还邀请已经毕业的小朋友回来参加了吗？"

"嗯，我们每年光之节都会请刚毕业的也就是去年学前班（今年满七岁、离开幼儿园入小学的孩子）的孩子回来参加，孩子们的灯笼都是依照他们的年纪来选择做法，三四岁的孩子需要老师多帮一点忙，五六岁的孩子有能力做比较难的纸灯笼。"老师说。

"谢谢你们准备这么美的庆典，这样的气氛让我从心底感觉到温暖。"我对她说。

"营造温暖的美好气氛，也是我们致力的目标。"

秋天的黑暗，教导孩子了解生命的四季

几天前，地方报纸正好访问阿雷的幼儿园，提到"灯笼庆典"时，老师说：每当引导孩子们做灯笼时都会告诉他们生命就像秋天的黑暗一样，生命中也一样有一些黑暗阴冷的时刻，但是我们在这黑暗时节里可以让光明进入心中，就像将谷物带给森林的动物，将光明带给其他的生命。

光之庆典结束后，阿雷仍常在家中提着手作灯笼，一遍又一遍地唱着光之歌谣，身为父母的我们，天天在孩子歌声的耳濡目染下也忍不住跟着哼唱起来。老师说许多孩子年复一年保存着每一个手作灯笼，甚至在上了小学之后还会提着灯笼回到幼儿园参加庆典。

我想，灯笼象征的光明已经在潜移默化中成为孩子生命力量的一部分，这真是很美的生命教育，光明透过手作与歌谣，自然进入孩子心底。

　　黑暗不用刻意回避，因为黑暗就是生命的一部分。四季有时，人生亦然，无须恐惧黑暗，因为我们可以学习点亮心中的光，通过灯笼带给别人，也带给自己。也许，这正是北国等待圣诞的时节里，人们需要学习的功课。

　　感谢阿雷的幼儿园，通过光之庆典，教给我和孩子光明的力量。

冬季庆典：圣诞节，学习感受宁静

每年圣诞节前的第四个星期天是将临期的开始。"将临期"对欧洲国家来说是重要的日子。许多人开始在窗前点上烛光并使用圣诞月历倒数。从将临期开始，人们就有了等待圣诞的心情。

华德福幼儿园也把将临期视为重要庆典，家长会被邀请到幼儿园与孩子一起参加庆典。走进幼儿园，孩子们都被接到后面的房间准备，家长们则在玄关等待老师过来发给我们待会要唱的歌词。

一切就绪后，客厅的滑门才拉开，家长们陆续入座。只见客厅地板上圣诞树的枝叶被排成一个螺旋小径，微微散发着清香。家长们关上手机，安静地坐在角落，等待节庆开始。然后，孩子们在老师的引导下安静进场，坐好后就唱起了美丽的歌谣。唱着唱着，一位头戴花冠、身穿白衣的"天使"不知从何处突然现身，拿着蜡烛入场。她缓缓移步，走进螺旋小径的中心，点燃烛光，再伸手迎接每一个孩子。

三岁孩子也可以自己点上烛光

孩子们轮流从老师手中接过新的蜡烛，走进螺旋圈中点亮烛光，就连三岁的小朋友也一样可以自己点蜡烛。"天使"则走在每一个孩子的身后，微微张开双手，一路守护手捧蜡烛的孩子们。孩子点上烛光后走出螺旋小径，将蜡烛交给老师。大一点的孩子可以从头到尾自己完成这样的仪式，年幼一些的孩子，需要时有白衣天使或老师帮忙，可以让老师牵着手一起走进小径点蜡烛或是由天使帮忙引领孩子走出螺旋小径，再走回自己的座位。

静谧，无形中成为心的力量

孩子们轮流进行仪式的同时，老师敲着铁琴带领大家唱着歌谣。这个庆典很安静，中间不允许照相，家长们也都把手机关上。庆典期间幼儿园的大门甚至会上锁，目的就是要确定庆典不受任何干扰，将光与宁静留在孩子与家长的心中。

二十几个3～6岁的小朋友在歌谣气氛的带领下竟然都乖乖地坐了半个小时，很配合地完成了这安静祥和的庆典。坐在角落观看的我除了感动之外，那份静谧与光明也进入我的心中，成为等待圣诞的美好心情。

庆典结束后，孩子们在老师的带领下排队离开客厅，到另一间屋子里安静地吃点心，家长们则自行离开，让孩子继续保有庆典过后的宁静，那气氛不知不觉地烙印在我心底。半小时的庆典，竟让我脑中一整天都回荡着几首美丽的歌，心中拥有一种特殊的平静。生活中好像难得有这样的时刻，一群成人与孩子共处一室却能如此静谧。虽然我们在庆典中不断唱着几首歌，然而旋律中传递的仍是一份静谧。这样的体验如此独特，直到冬天已去、春日将临时，我还可以在回味中感受到那半小时的宁静时光，而阿雷甚至在几个月后还会时常哼起那几首歌。

一个小小的仪式，何以在人们心中留下这样的影响力，也许关键就是那一份宁静的氛围。我想成人塑造的成长环境对幼儿真的有潜移默化的影响力。孩子们在生活中体验到的一切都会在感官中留下痕迹。

能在心中保有一份静，对孩子而言会是重要的稳定力量。

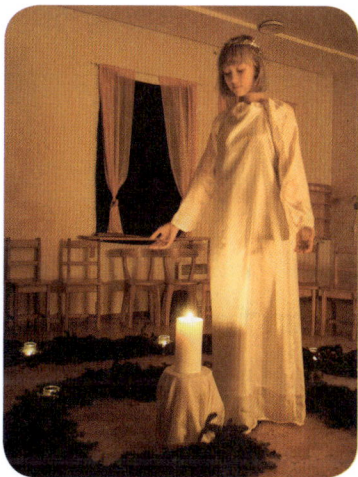

庆典中的天使总是微张双臂守护每个孩子

原来庆典就像圣诞魔法

今年第二次参加庆典之前，我特别跟园长协商是否可在庆典过后给扮演"天使"的女孩拍几张照片给我的文章使用。园长答应了，但要确保不要让孩子们看到天使。

"为什么不能让孩子在庆典结束后再次看见天使呢？"

"因为这整个体验只在那独特的一段时间里发生，那样的时刻会被铭记在心中。如果庆典之后还看到天使出现在别的地方，还可以让人拍照，那么那种感觉就消失了。所以我们也会趁孩子不在屋内时，很快地清走地上的枝叶，等孩子再次进入客厅时，那个空间已经不存在了，像是魔法一样，只留在他们的心底。"

原来，为孩子营造这独一无二的宁静体验，必须连时间与空间性这样的环节都考虑进去，这也让我更深刻地体会到庆典背后的意义。

在我拍完"天使"照片要离开前，园长还特别跑来对我说："记得不要给阿雷看到这些照片哦，不然天使对他而言就只是一个普通的女孩，让他把这个体验留在心底，跟着他一起长大。"我点点头，心中是满满的感动。因为我看见他们是如何小心地守护孩子的童年，如何努力创造那可以永留心中的宁静氛围，如何认真地为孩子保守一份有如魔法般的生命体验。

一如去年，节庆过后，阿雷回到家仍然一直唱着这些歌谣。宁静留在他的心中，感动也留在我的心里。

秋冬的光之节和庆典也让我明白了人该与自然和生命共处的方式：越是黑暗之时，越要为自己和旁人传递光明和温暖。在庆祝圣诞之前的黑暗冬日，就让定与静生根于心吧！这，终会酝酿出一份生命的力量。

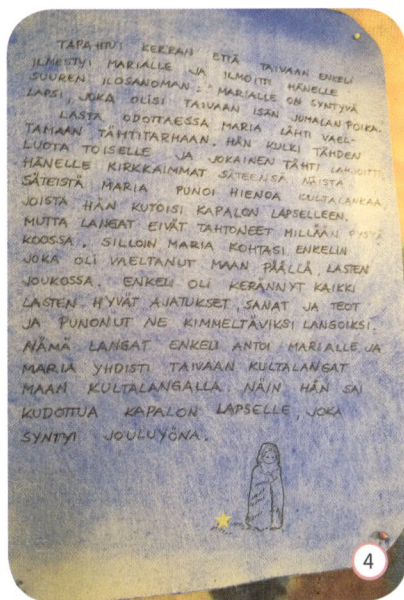

① —— 孩子们点亮的烛光在桌上排成一排

② —— 将临庆典场地布置

③ —— 幼儿园的圣诞手工布置

④ —— 庆典开始之前，老师告诉孩子们关于玛利亚与天使的故事，故事也贴在墙上让家长欣赏

春季庆典：不像典礼的毕业典礼

五月底的一天，幼儿园通知家长四点以前接孩子回家，好让老师们有时间准备傍晚的春季庆典。

当天我去接孩子时好奇地问老师："春季庆典要做什么呢？"老师说："小朋友们会演一场戏，之后有个简单的毕业典礼。"直到此时我才知道，原来毕业典礼也是春季庆典的一部分，因为幼儿园的行事历上只写了"全家人的春季庆典"，根本没有提到"毕业典礼"呢。

庆典重点：孩子们的戏剧表演

五点半，我们再次回到幼儿园。孩子来演戏，我们来看戏。阿雷一进门就被老师接去准备，家长们则坐到客厅里排好的观众席中等待好戏开锣。

表演开始前，门边传来兴奋的吱喳声，一群孩子躲在门后等待出场。他们各就各位，有的演小鸡，有的演狐狸、狗，还有一群年纪较小的孩子，包括我家阿雷，戴上羊耳朵演小羊。孩子们表演的是一个乌克兰的复活节故事，故事中有一只狐狸和一匹狼，一直跟农场主人要动物来吃，最后被反将一军。整个故事都由3～6岁的孩子们表演，并不时穿插着大合唱的歌谣。

整场演出中，老师没有在旁边给提示，小朋友们自然地跟随本性表演，有的孩子边演还会边对台下的父母兴奋挥手，台词与角色的分配都符合不同年纪的孩子，所以孩子们有非常自然的表现。

戏剧演出结束后"毕业典礼"才开始。

温馨平淡的毕业典礼

在这个拥有25个孩子的幼儿园，今年要毕业的孩子共有6位。所谓的"典礼"就是由老师来分享每一位孩子成长的故事。

"艾莉莎一向乐于助人，有活力又有正义感。有一次，艾莉莎听到关于恐龙的故事，她马上跑到后面的房间去，我正狐疑她跑去做什么，几分钟后她突然跳出来，身上穿好骑士的装扮，手上拿了宝剑，口里喊着：'恐龙！我不怕你，我来了！'"老师这么回忆着。大家都因这童真的反应与角色扮演的想象游戏而开怀大笑。

毕业典礼中，没有师长或毕业生致辞，只有温馨的故事分享。分享着每一个孩子几岁时来到幼儿园、有什么人格特质、又曾在幼儿园里有过什么样的回忆。孩子们在听完属于他们的回忆故事后，走向前拥抱陪伴他们成长的每一位老师，并从老师手上接过一束花，象征毕业的祝福。

最后，六位毕业生合唱一首歌曲，跟坐着观礼的弟弟妹妹们说再见。弟弟妹妹们也合唱一首歌，跟他们道别。简单的"典礼"结束后，老师在餐桌上准备好蛋糕和饼干，请家长与孩子们享用。温馨可爱的春季庆典与毕业典礼就在大家的自由交流、吃吃喝喝中结束。

在"典礼"进行过程中，园中最小的小孩阿雷，大概因为累了干脆直接躺在地上，老师们都包容他这个年纪耐不住久坐的真性情，没有责备，一直等到适合的时机才把他抱起来坐到旁边去。

戏剧表演的时间大约是二十分钟，"毕业典礼"的时间也是二十多分钟。这样的典礼跟我想象中的"毕业典礼"真的很不同，我很喜欢这种不像典礼的典礼，更喜欢这种简单、温馨、自然的感觉。不知是否因为芬兰人习惯以平实的作风来庆祝，或者对他们而言，典礼不需要特别有"看头"，一如很多其他的事情一样，比如"校门"。

①——阿雷在幼儿园画的花盆、种下的草在春天复活节时长出来了

②——小朋友的戏剧表演正要开始

③——象征完美和完成的夹心蛋糕

里子比门面重要吗？

有一回，我站在一所小学的校门前接受来芬兰的台北媒体记者采访。记者问我："请问校门在哪里呢？"我指着一栋看起来普通的学校建筑和路边写着校名的路标说："这就是校门啊！"当场大家愣住了。

我可以理解想象中的"校门"至少该有个明显的"门面"，并在其上写着校名。可是在芬兰，几乎每一所学校的校门都是如此"看不见"，顶多就是个路标或是外墙上的几行字。阿雷的幼儿园也是只有路标，从外面看起来像是一间住宅。

我想这是不是因为对芬兰人而言"门面"不如"里子"重要，所以学校不用有显著的校门、毕业典礼也不需要特别包装，一切"如实就好"。虽然典礼本身或许没有特别"包装"，然而仔细观察幼儿园生活环境中的细节就会发现无处不美，每个角落都布置着属于童年的纯真与温柔。

　　换个角度想，以毕业典礼来说，其实不能说他们不重视"门面"，而是他们的做法跟我们原本想象的不一样。我印象中的"毕业典礼"也许更正式，然而这里的毕业典礼在简单的分享回忆与珍重再见后，是让孩子们与家长们共享代表"完成"和"完美"的夹心蛋糕，芬兰人总在特别的日子里准备这样的蛋糕，这应该也算是另一种"门面"与"庆祝"吧。

　　芬兰人的幼儿园毕业典礼庆祝的是全家一起完成了这个阶段，不只为毕业生庆祝，也为每一个还在校的孩子庆祝。难怪这一天在幼儿园的行事历上写的不是"毕业典礼"，而是"全家人的春季庆典"。

　　不同的做法与呈现方式透露出不同的思维和文化。虽然没有隆重的仪式，但却更加平实自然，并尊重个体的选择与自由。在这样的朴实单纯中，我看见一些动人的时刻：孩子们纯真不造作的演出、老师们针对每一个孩子诉说的回忆、对孩子不同天性的包容、孩子从头到尾快乐的笑容。同时我也看见以人为本、尊重每个孩子的价值观的文化思维。平凡温馨的毕业典礼让我领悟到教育的真谛。"门面"可以因时因地因文化制宜，但是"里子"一定要做好，以人为本的精神比虚无的形式更重要。

Part 4

孩子的潜能，超乎你的想象

与书相遇，从出生开始

很多年前，在国际学生评估项目（PISA）测验中，芬兰十四岁孩子的阅读能力世界第一。尽管近年来，芬兰逐渐失去"PISA的光环"，亚洲诸国快速超前，但芬兰人爱看书的事实还是不容争辩的。在芬兰，从小孩到大人，阅读似乎是最普遍的兴趣爱好之一，我想这与环境有很大的关系。当政府提供了让人喜爱阅读的环境时，一切就会变得如此自然。回想一下，阿雷与书的第一次接触从零岁就开始了，第一本书还是政府送的呢！

孩子的第一本书：政府送的宝宝韵文书

在芬兰，每位妈妈在分娩前都可以免费领到一份社会福利局给的"妈妈盒"，里面有很多宝宝的衣物和用品，还有一本芬兰瑞典双语的宝宝韵文本（芬兰文和瑞典文都是芬兰的官方语言）。

芬兰人认为常念韵文或诗歌、童谣给宝宝听，不仅宝宝喜欢，也有助于增长孩子的语言能力，同时建立亲密的亲子关系。当阿雷还是小婴儿时，每次带他去"妈妈宝宝健康中心"做健康检查时，护士都会提醒我们："要多念韵文给宝宝听哦！"

这本韵文书应该是许多芬兰小婴儿与书的第一次接触。婴儿不会阅读文字，然而父母的声音就是最美的音乐，有些字词不一定有特别的意思，念起来却充满节奏趣味。我还记得阿雷一两岁时，常被爸爸或奶奶抱坐在膝上，边听韵文边玩手指游戏，就这样自然地在语言的节奏韵律中成长。

阅读俱乐部盛行

芬兰也有很多为孩子规划的阅读俱乐部。可以免费申请成为会员,之后每个月都会定期收到书。

我在阿雷还没出生时就好奇地加入了一个零岁开始的宝宝阅读俱乐部。俱乐部每个月都会通知下个月将寄来的图书,不喜欢的话可以取消寄送。三年多的体验感觉还不错,因为书籍都是根据宝宝的年龄来寄送的,一来阿雷可以适龄"玩"书,二来也省下出门搜刮图书的麻烦。

加入宝宝阅读俱乐部的会员小礼物是一本记录宝宝成长与各种第一次的小册子,除了记录宝宝的成长,还有页面让父母记录如何相遇、怀孕感受等,对宝宝和父母来说都很有纪念意义。

俱乐部提供的书中有一套叫作耶杜(Eetu)的书,耶杜是书中主人公的名字。这套书从耶杜出生开始,每一本都让耶杜和宝宝一起成长。让书中的宝宝陪孩子长大的概念,大概跟中国流行的幼儿读物有点类似,只不过耶杜没有配套影音光碟,只是单纯地让宝宝有个存在于书中的"同龄玩伴"。

有些书包含不同材质的书页让宝宝触摸,有些则让宝宝用手指头钻洞。有时还会寄来芬兰童谣和摇篮曲。芬兰人总是强调父母自己的生活要好,宝宝才会好。每次我从宝宝阅读俱乐部订书时,他们常同时附上实用手册给父母参考。如《如何教小孩睡得好》《如何营造一个安全的居家环境》《0~6岁的儿童发展》《家庭的共同生活》《0~2.5岁的100种游戏》等等。

两岁之后,书的故事性和目的性开始变强。有交通工具的书,有让孩子从海盗们的经历中体验数字1到10的书,有教导孩子体会情绪的书,也有让孩子学习睡前仪式的书。

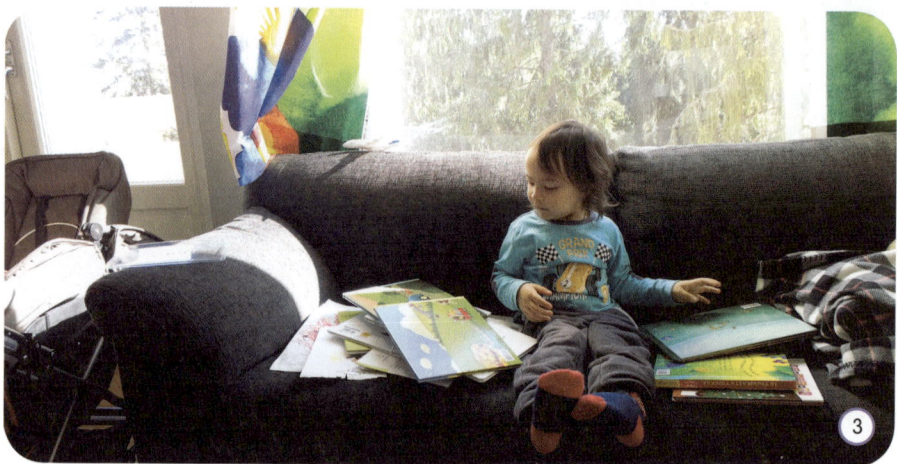

❶—— 大约十个月大，喜欢玩宝宝俱乐部寄来的火车书

❷—— 二岁七个月时，听爸爸读故事

❸—— 三岁多，被书包围了

最好的育儿去处：图书馆

阿雷两岁后我就很少买宝宝俱乐部的书了，大都直接从图书馆借书。

芬兰的图书馆分布密度全世界第一，光是人口仅60万出头的赫尔辛基市区，公立图书馆就有32家，甚至还有主题性的图书馆，例如音乐图书馆、数字图书馆、听障儿图书馆等，用心照顾不同群体的需求。

每个图书馆也都会规划完善的儿童阅读区与游戏区。儿童阅读区通常安排在进门后容易接近的地方，除了书以外也有很多适合儿童的玩具。图书馆内的桌椅都是大师的设计作品，让孩子从小就在图书馆中耳濡目染学习到设计之美，在游玩与阅读之中，书不知不觉地成为生活的一部分。

图书馆也常举办适合亲子的活动，每周都有免费的说故事时间，空间也常借给各民间团体使用。经常可以看到孩子到图书馆上音乐游戏课或参加图书馆举办的艺术活动。在芬兰的中国妈妈们也曾在好几个不同的图书馆儿童区举办过"中文故事屋"活动，定期为孩子们用中文说故事、做游戏甚至认识注音符号。

为父母建议书单，碰触生命难题

有一次，我在图书馆发现用心的馆员们竟然制作了小手册，为一些难以解说却又很可能遇见的成长难题做了建议书单。主题包括"父母的离异""校园欺凌与对不同的接纳""嫉妒与弟妹的诞生""搬家、思念、放弃""害怕、勇气、自我感受""怕黑、睡觉仪式""幼儿园、学校""吵架、发脾气""生活习惯""死亡""出生""卫教""寂寞""来自父母的爱与关心他人"等类别。几乎每一个类别都有10～20本推荐书单供父母选择参考。图书馆的儿童区也可以清楚看到其中一部分主题书籍明确地标示在架上。每当我经过时总在心里感谢这样一份用心，让绘本书也成为孩子生命教育的好帮手。

在严肃的议题之余，当然也有轻松的主题，如"给想探险的小孩"书单建议中就列出了20多本"恐龙书"。在这个主题下，又分成故事书和自然科学书以及各自的书架地点。

从政府送的宝宝诗歌本开始，到宝宝阅读俱乐部，再到普及的图书馆网络和软硬件皆优的服务。这里的孩子确实从小就在生活中自然地与书共处，跟着书中的人物一起长大。这一切，让我觉得芬兰人的确重视阅读，并相信书与念谣的力量从零岁开始。

孩子创造的图书咖啡馆

常有人问我，2012年作为"世界设计之都"的赫尔辛基在这一年结束后有何不同？对我这个居民而言，最大的不同大概就是多了几个在活动结束之后还持续存在的空间，而这些空间也真正改善了人们的生活质量。

其中最好的例子就是"儿童图书咖啡馆"。这是芬兰第一个完全属于儿童的咖啡馆，图书咖啡馆的名字叫Haitula，取自一首著名的芬兰童诗。

将世界设计之都的好设计留给孩子

2012年，赫尔辛基文化中心之一的安娜大楼艺术中心正好启用满25周年，政府希望能在这一年中实现一个可以持续存在、不会因为"世界设计之都"结束就消失的好设计，"儿童图书咖啡馆"的点子就此诞生。

一直以来，安娜大楼旨在为学童和幼儿提供一个可以感受并体验艺术与文化的环境。这里即能举办展览活动，也能为不同年龄层的孩子提供各种艺术课程，课程囊括绘画、音乐、舞蹈、手工艺、动画、戏剧、摄影、建筑、文学等。

儿童图书咖啡馆的重要目的之一就是让年轻学童亲自参与、设计这属于他们的空间。于是在不同领域艺术家与老师的带领下，学童们参与设计了咖啡馆的灯光照明、手工艺布置、咖啡杯盘、展览童书的主题人物肖像绘图与文字描述。

走进图书咖啡馆，右手边就是两大架的童书，其中不少童书都以赫尔辛基为主题，让儿童可以从童书中认识自己的城市。每个月咖啡馆里都有不同的童书特展，四面墙上则可看见书中人物相关的插画与文字。放眼望去，所有的桌椅都由旧家具修缮而成，因此每一张都很独特。角落的沙发既是孩子读故事书的地方，也是玩躲猫猫的地点，孩子们爬上爬下，尽情享受属于他们的自在空间。

一位芬兰妈妈对我说："你看这里多棒，孩子们可以自由享受，不会有人嫌他们吵。"图书咖啡馆的项目负责人则告诉我，自咖啡馆成立以来，孩子与家长都爱上了这个让孩子们自由放松又能培养阅读习惯的温馨场所！

志愿者是背后的重要力量

除了让孩子们看书玩耍之外，咖啡馆里也常举办与阅读相关的活动，且定期有爷爷、奶奶们来为孩子讲故事。这些爷爷、奶奶都来自芬兰不同的民间志愿者组织，例如"芬兰祖父母协会""坎比退休者服务中心"等。图书咖啡馆每年还会邀请不同领域的演员、作家、插画家、文学家、艺术家担任咖啡馆的"教父""教母"，定期为孩童讲故事。

咖啡馆里还有个名为纳尼亚的秘密衣橱（这点子与名字来自C. S. 刘易斯的著名童话故事）。举办活动时，孩子们可以从这个秘密衣橱进入文学活动的工作坊。此外，还有图书咖啡馆大使定期到儿童医院或是类似的组织讲故事。因为有些孩子没办法像其他孩子一样来咖啡馆看书，因此图书咖啡馆要把书与爱主动带到更多角落。

坐在咖啡馆里一个下午，看着身边的妈妈们把孩子抱在怀中讲着一个又一个的故事，孩子们听故事之余可以尽情在地上打滚，无拘无束。这样的景象让人心中生出无限幸福感。离开咖啡馆前，一位安娜大楼的艺术老师甚至过来跟我们说："听到这么多孩子在这里快乐地玩耍嬉笑，让人也跟着开心起来！"从儿童的角度，创造出属于他们的阅读与玩耍空间，既是个好点子，也是个真正让人幸福的好设计。

❄ ✳ 做孩子想要的妈妈

① —— 图书咖啡馆的正门

② —— 中午时，图书咖啡馆里满是孩童

③ —— 架上展览赫尔辛基相关书籍，小桌椅让孩子们使用

④ —— 安娜大楼外观

⑤ —— 展览会从书籍延伸到插画家的作品

一个真正属于孩子的空间

在我看来，芬兰的儿童图书咖啡馆最特别的地方在于孩子得以参与空间设计的决定，并付出行动。通常孩子的空间规划者是成人，然而在这里，孩子才是主角，而且进出咖啡馆完全免费。有一回我中午时经过这里，咖啡馆里只坐了两三个成人，剩下全是孩子。感觉上，这真是完全属于孩子的好地方！

同时，儿童阅读咖啡馆也反映了芬兰人的生活价值观，如废物利用（桌椅由旧家具修缮而成）、志愿者文化（爷爷奶奶来为孩子讲故事）、照顾弱者（咖啡馆大使去医院为孩子说故事）等。一个儿童图书咖啡馆不只造福儿童也反映出芬兰人的思考模式、做事方法与价值取向。更重要的是，这一切都潜移默化地影响着孩子，这就是最有价值的精神传承！

育儿其实很有趣：
赶时间！四点半接小孩！

　　自从阿雷的幼儿园生活从半天改成全天后，我们就成了每天"赶时间，四点半接小孩"的父母。

　　其实，阿雷的幼儿园开到五点，我们也可以五点再去接他。但是我发现，大部分的家长都会在三点半到四点之间把孩子接回家。如果四点半抵达幼儿园，通常只剩下两三个小朋友。如果我们五点才去接小孩，常常就只剩一两个孩子，偶尔也会看到阿雷自己一个人坐在门口等我们。于是我和老公达成共识，尽量不要让他常是"最后一个被接走的孩子"。虽然理论上没什么不可以，但留到最后的孩子难免会觉得有点寂寞。去接他时，如果看到还有别的孩子在园中，就会让我安心，庆幸至少他还"有伴"。

　　对于家长们这么早就接小孩回家也让我觉得很有趣。虽然我知道芬兰有"弹性工时"，如果不是要排班的工作，可以自己决定早点上班或早点下班。我以前也常八点上班、三点四十五分就下班。不过当自己有了孩子，看见其他父母都在四点前后就把孩子接回家，还是觉得很神奇。周五更是如此，三点时园里就不剩几个小孩了。这也让我再次从旁感受到芬兰人在工作上的弹性以及对家庭生活的重视。尽量早点把孩子接回家，孩子也得以多拥有一些跟父母相处的家庭时光。

三岁的小小"摄影师"

有一天我和老公走进常光顾的一家咖啡馆，发现墙上贴了一些跟平常的艺术展览有些"不同"的照片。走近仔细看才发现原来这些照片全部出自孩童之手，这里的孩童，指的是3～5岁的学龄前孩子。照片的内容是一些生活中的物品和场景，有玩具车、玩偶、幼儿园的某个角落等，且每张照片的下方都有简短的图说。这不是幼儿园给小朋友的"作业"，而是一个活动，一个把发声的权利交给孩子的活动。

这是几个芬兰社工系的学生与一间幼儿园合作举办的活动，希望能通过摄影让"孩子的声音"在幼儿园中更容易地被听见，而相机就是孩子发声的工具。计划的名称就叫作"让孩子的声音变成照片"。

让孩子自由摄影

幼儿园里的40个孩子参与了这个计划。每个人都可以自由地拿着相机去拍下幼儿园里他最喜欢的角落和幼儿园里最无聊的角落。拍摄的同时，他们也用语言描述这个角落，并由老师帮忙记录下来。孩子的童言童语就是每张照片下方标注的"图说"。

其中一张照片拍到一片草地，孩子说他最喜欢的是松鼠，可是拍摄时又没看到松鼠："可能在它自己的巢里吧！"于是孩子就拍下了一张"想象中有松鼠的草地"。另一张照片中，孩子拍了一个玩具龙，这是他不喜欢的东西："龙不是无聊，是……有一点吓人。"孩子用自己的语气这么说。孩子的照片与孩子的语言完全未经任何修剪润饰。最后，孩子们从自己拍的所有照片中选出最喜欢的两张展出。因此，有些照片以成人的角度看来，不见得有很清楚的焦点和逻辑，作品也因为孩子的年纪而有不同的呈现。然而这些都是最真实的"孩子的声音"。

孩子们拍的照片整个月都在他们的幼儿园里展出，其中一部分正好在这一周内拿到咖啡馆里展览。幸运的我就这么巧地在此时走进咖啡馆与孩子们的生活摄影相遇。

让孩子自己拿相机，通过照片表现出他们对日常生活环境的想法，这是多么棒的点子啊！对我而言，这是将发声的权利给予孩子的一种方式，让孩子得以尝试换一种方式表达自己。

成人该学着信任孩子

后来，我又在地方报上看到关于这个活动的报道。幼儿园的老师们说，孩子的能力让人惊讶，3～5岁的孩子里，没有任何一个孩子不小心把相机摔在地上（这可能是成人会担心的事）或是造成任何破坏。也许在这个过程中，不仅是孩子多了新的体验，成人们也同时得到新的启示，学习着可以更信任孩子，用不同的方式让孩子有更多尝试的机会。至少我自己就是个被活动启发的妈妈。当天一回到家，我也把相机拿给三岁多的阿雷，请他拍一下家中最喜欢的角落和家中最无聊的角落。结果，厨房里的电饭锅成了他最喜欢的角落，最无聊的角落是浴室的马桶。

有一次，孩子的爸爸在我出差时带孩子去森林里观察生态，并把手机交到孩子手中让他拍下有兴趣的事物。于是，我看见在路上走着的环颈雉、白桦树边的柳枝正发芽、林间水沟中的青蛙卵和草地上新开的花。

幼儿园里的孩子用相机表达他们的喜好。我的孩子则走在森林里为因工作而未能同行的妈妈拍下他眼中的世界。三岁小孩眼中的世界就这样被留存了下来。也许，我们都可以学着适时地把相机交给小朋友，相信他们有能力操作，让他们有机会运用另一种媒介传达他们的声音和对日常生活的想法。

一个小小的实验计划，真的很有意义啊！

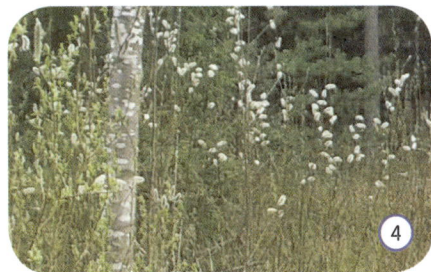

❶ —— 咖啡馆的墙上正展出幼儿园孩子用相机拍摄的作品

❷ —— 幼儿园孩子的作品

❸ —— 三岁半的阿雷，自己拍的青蛙卵

❹ —— 阿雷拍的桦树林

给孩子最好的图书馆

我一直很喜欢芬兰的图书馆。过去十多年来，无论搬迁到哪一个城市，我最先造访的地方一定是图书馆。无论多偏远的小镇，只要走进图书馆，在舒适美好的空间中坐拥群书，就觉得自己有了一切重新开始的勇气和力量。

除了真心欣赏图书馆的服务之余，还有一点让我感到动容，我发现芬兰人在建构图书馆时，从软件到硬件都把小孩和青少年的需求放在正中心的位置。这要从一个小镇图书馆说起。

儿童阅读区是人们最关心的焦点

我曾经住在芬兰西部离首都300多公里远的小城塞纳约基，这个城市虽小却有芬兰建筑大师阿瓦·奥图（Alvar Aalto）亲自设计的著名建筑群，这其中当然包括城市图书馆，图书馆的空间和家具都是由大师亲自设计。尽管大师图书馆十分美丽，空间却早已不敷使用。因此几年前市府决定在大师图书馆后方增建一座全新的图书馆，让两栋美丽的图书馆建筑相互呼应。

在新图书馆动工之前，为了给市民提供最好的服务，关心图书馆与建筑规划的民间团体举办公开讨论会，邀请市政府官员、建筑师、新图书馆的建筑团队和有兴趣的市民一起讨论新旧图书馆的空间安排。一个多小时的讨论会中，大部分的时间竟然都在讨论将来的儿童阅读区应该坐落在哪里。一开始，政府官员与建筑团队都倾向于将儿童阅读区安排在旧的大师图书馆里，新的图书馆则规划给成人与研究者使用。然而讨论会中，图书馆员与民众们都极力反对这样的安排，他们一个个举手发言，语重心长地从自身的工作经验以及几十年来参与各式文化活动的体验中发表建言。

最好的空间要留给儿童和青少年

图书馆员与民众多认为大师阿瓦·奥图所设计的旧图书馆虽然很美，但是空间有限，而且楼梯式的中庭设计并不方便家长推车进出，也不适合幼儿使用。相较之下，新的图书馆空间宽敞，何不好好规划出适合小孩的活动区域，让小孩与大人的空间位于同一个建筑内，家长们才方便照顾孩子。至于旧的图书馆，既然是建筑大师留传下来的杰作，正好适合摆放艺术建筑相关书籍，供研究者和参访大师建筑的旅人们欣赏了解。

这样的提议让我很感动，因为我看见大家将孩子与家庭的需求放在最重要的位置上。讨论会中没有争吵、批评，只有理性且踊跃的意见发表。

不久后我搬离了小镇，直到两年后再次造访时，这座崭新的图书馆已经完成，成为市民最喜爱的去处之一。而且我发现，当年民众与图书馆员的建议最后也被决策者采纳。

儿童与青少年阅读区，美得让人惊艳

儿童阅读区正如市民所期盼的那样，坐落在新的图书馆里，甚至成为图书馆中最亮眼的一个角落，不仅离入口处很近，空间非常宽敞，还有许多让人惊艳的设计。

好几个"书洞"就坐落在儿童区里，每一个都布置别致，孩子们好奇地在书洞间爬进爬出，有些家长也跟着爬进洞里抱着宝宝一同阅读。

除了书洞之外，儿童书区还包括一个名为"躲猫猫天地"的游玩区。游玩区里布置成森林与树洞，让孩子在其中跑跳玩耍。整个儿童书区就位于图书馆最方便进出的角落，达成了当初民间团体讨论会所提出的建议：让推车方便出入，并让大人的借书区和小孩的空间连在一起。这个图书馆后来也被选为芬兰年度杰出建筑之一。

图书馆里最精彩的空间，正是儿童与青少年的阅读区。

专供于青少年的空间与音乐、电影的借阅空间连在一起，墙上设计出

好多"阅读山洞"，让青少年钻进洞里看书、听音乐、跟朋友讲悄悄话。享有属于自己的一方空间，不正是许多青少年的想望吗？其实不只是青少年，成人也喜欢这里。每次前来，总可以看到在一堆"阅读山洞"中寻获阅读的人、听音乐的人和纯粹想在洞里小憩一下的人。

空间，因人而存在，也因人的活动被设计出来。而最好的空间在这里被留给儿童与青少年。

儿童是图书馆服务的重心

虽然不是每个城市的图书馆都有这么大面积的儿童空间和如此让人惊艳的设计，然而让空间明亮宽敞并照顾儿童与青少年的需求几乎是每个芬兰图书馆都努力在做的事。

目前，在我居住的小城图书馆布置了儿童邮箱，鼓励儿童表达他们的需求和建议。地方电力公司则捐赠美丽的电动火车模型轨道放在儿童书区供儿童欣赏。

从日常生活最容易接触的公共空间图书馆开始，细心照顾家庭与孩子的需求看似只是生活中的一小角，然而培育下一代的力量就潜藏在这小小的角落里。

❶ —— 塞纳约基市，大师图书馆后全新的图书馆，不同风格，一样是杰出建筑

❷ —— 儿童阅读区的小书洞

❸ —— 儿童阅读区里用许多方块装不同主题的书籍

❹ —— 小城图书馆里设置的"儿童邮箱"，鼓励儿童主动提供建议和点子

❺ —— 新图书馆中央大厅一景

❻ —— 青少年阅读区与音乐区

育儿其实很有趣：
华德福幼儿园蔬食午餐和邻家苹果

　　阿雷上的华德福幼儿园每周会让学前班（六岁）的孩子轮流为当周的菜单画图。我很喜欢看这些菜单。一来欣赏小朋友的创作，二来也了解孩子在幼儿园的午餐都吃什么。其中一周的菜单大致是这样的：

　　周一：意大利蔬菜炖饭、大蒜面包、果酱甜点。

　　周二：烤蔬菜、小红莓酱、西红柿、配甜点蓝莓汤。

　　周三：谷物粥、蔓越莓汤、荨麻叶面包配大蒜奶油、酸黄瓜、新鲜黄瓜、色拉、牛奶、酸奶、奶酪。

　　周四：马铃薯青葱浓汤、芬兰乡村新鲜奶酪、黑裸麦面包、黄瓜、巧克力粥。

　　周五：蔬菜豆腐炖饭、菲达奶酪、水果、面包。

　　健康的西式有机蔬食配上当地当季的野菜和野莓就是华德福幼儿园的蔬食午餐。

去年秋天到了苹果产季，住在幼儿园附近的一位87岁的老伯伯来邀请小朋友们到他家的院子摘苹果吃。于是一群孩子就在老师的带领下拿回一大篮老伯伯给的苹果，同时唱一首以苹果为名的歌感谢老伯伯，这首歌正好也是那阵子幼儿园晨圈常唱的歌。老伯伯说这首歌他很熟悉，在芬兰冬季战争之前他也常常唱，当年的他应该还是小学生吧。回来的路上小孩就问老师"冬季战争"是什么，一篮苹果象征了季节的丰收，也带出了历史，串起了不同年代的童年。

回到幼儿园的院子，每个小朋友都用手动削苹果机削苹果给自己吃，剩下的爱心苹果老师则为小朋友们做成了芬兰传统甜点烤苹果燕麦派。老师还将这特别的一天写下来，贴在墙上与家长们分享。后来幼儿园圣诞庆典时也邀请了这对"苹果爷爷奶奶"来共同欣赏，并感谢他们的慷慨付出。

幼儿园从"食"出发，不但亲近自然，也让孩子有机会动手创作，更让我看到了一份跨世代的温情。

在森林里遇见小学艺术课

我们常带着孩子到自家附近的森林小径散步。一天早上，我正好带着阿雷和两位来访的香港朋友到森林里观察青蛙卵和小蝌蚪。刚好看到附近小学的孩子们从我们身边经过。

"蒲公英花这样够不够啊？"

"应该可以，不然去那里再采一点，还要多捡几根树枝……"小学生们的身影在林中穿梭，互相交谈讨论着，似乎在忙着什么。

我带着阿雷一边回答朋友的访谈一边看着这些来来去去的身影，猜测这也许是小学的户外生态课？缓步走回家的路上，经过小学操场与森林小径的交接处，眼前的景象让我"惊艳"了一下：只见地上堆了好几个用蒲公英的不同部位、树枝、石头等大自然里捡来的材质创作出的各式"建筑"或"艺术作品"。几个女孩做出一个教堂，几个男孩做出一个水族馆，还有几个小朋友共同堆出一间有院子的小屋。原来这就是他们刚才在林中穿梭、捡拾花草树枝的用意，他们在寻找用来创作的自然材质！

自然里的工艺课

我们好奇地上前询问老师这些孩子在做什么，老师把发言权交给了孩子，她转身问孩子们："你们想用英文介绍自己的作品吗？"孩子们腼腆地笑了一下跑开了。

这时老师才转过头来笑着对我们说："这是我们工艺课的其中一环，让孩子们自己到大自然中找素材来创作。""这是多大的孩子呢？""小学五年级，11岁左右。""为什么选择蒲公英的草和花作为素材呢？"我问。

"芬兰春夏到处是蒲公英，采也采不完，而且他们只会采自己需要的量。"没错，蒲公英繁殖力超强，说它们是春风吹又生的野草也不为过。工艺创作的同时，孩子们也体验着与自然之间的关系。

看到这些芬兰孩子们利用在森林里捡拾的花草与树枝堆出他们想呈现的空间作品，让我想起芬兰一位儿童建筑教育专家多年前对我说的一句话："有些人会说自己不会画画，但还好没有人说他不会建筑！"的确，没有孩子不会"建筑"，也没有孩子不会"创作艺术"，只要你放手让孩子去发挥他们的想象力，大自然里到处是可运用的素材。

我与老师聊着聊着，一回头才发现三岁半的阿雷早就自顾自地捡了一些树枝、石头和叶子在旁边"煎起鱼"来了。这些景象在我心里激起一些涟漪和一种奇妙的幸福感。因为在这个巧遇中，我看见的不只是一堂小学的课程片段，还看见了尊重、创造力以及孩子与自然之间亲近的关系。

自然就是最好的创作方式与学习空间

我看见孩子们很自在地享受着户外课程，也看见老师尊重孩子一时的腼腆，不强迫或说服他们使用英文与我们对话。我看见11岁的孩子们用自然素材建构空间，也看见3岁的孩子用自然素材现场"烹调"。

这一切再次验证了我的教养观：玩具不用买太多，要常带孩子走进自然，因为东西越少，孩子越能发挥想象力。我越来越相信，最自然的教育就是让孩子从小走进身边的自然环境里，在自然中学习认识动植物、学习动手创造。因为了解，就会爱惜，从而懂得尊重生命、尊重他人也尊重自己。

这样的教育，我期许自己在日常生活中努力实践。你呢，你看见了什么？是否也对你有些启发呢？

① —— 小学生的作品，一个教堂

② —— 正在创作中的小学生

③ —— 几个小男生创作的水族馆

④ —— 正在用自然素材煎鱼的阿雷

⑤ —— 阿雷也喜欢在自然中捡拾花草玩耍

从幼儿园开始"研究"建筑学

2014年的某个春日下午，我与孩子踏入赫尔辛基市中心专门展览城市规划的场地Laituri（港口），一进去就发现今天这里很不一样！平常空荡荡的场地今天居然挤满家长与孩子，四周展示的全是儿童与青少年创作的建筑作品。原来这是赫尔辛基儿童与青少年建筑学校Arkki的成果展开幕日！

泡沫塑料就是玩建筑的好材料

Arkki是私立的建筑教育机构，7～19岁的孩子依照年龄分组玩建筑，学前4～6岁的孩子可以在家长的陪伴下体验建筑的不同方面，了解身边的居住环境，甚至参与城市建筑的设计！我家阿雷才三岁半，还没到可以上课"玩建筑"的年纪。但是既然不小心走进了成果展的开幕式，又正好有免费的工作坊，我决定带他进去玩玩。

现场有很多事先裁切成十几种不同的形状的泡沫塑料板，以供孩子们依照自己的能力与喜好来盖房子或是建造成各种东西。原来玩建筑可以这么简单，给孩子一些纸盒、纸板或是裁好的泡沫塑料板，堆砌的游戏与无限的创意就会自然诞生。

玩建筑，让孩子的世界变宽广

我欣赏着孩子们的建筑作品，有的非常生活化与孩子的喜好结合，有的则让孩子从创作中同时了解世界不同地区的文化、建筑形式以及生活方式。

比如"愤怒的小鸟"这个电子游戏深受儿童与青少年的喜爱，老师们就与学生一起观察游戏中的形状、颜色和材料，同时思考游戏中的桥段与结构。接着学生们以分组合作的方式，用手边的材质共同建构出游戏里的空间，有些学生还创作出新的游戏角色。

芬兰建筑师曾在19世纪60年代时设计出独特的建筑形式：飞碟屋。飞碟屋外形就像一个飞碟一样，并在首都附近的爱玛现代美术馆户外展出。年纪较长的学生们就以飞碟屋的模型为灵感，重新设计屋子，设计中甚至包括了屋中所有的室内布置与家具。

建筑还能反映出文化，如原木屋是芬兰的传统建筑形式，然而原木屋建筑也在其他的文化中存在，其中一个设计案就是带领孩子们认识海达印第安人所建的原木屋，让他们以海达式的风格来创作印第安部落中的图腾，过程中尝试绘画、泥塑、水彩等，同时也让孩子们通过自己动手建造模型的过程来体会海达式的原木屋建筑与芬兰式的原木屋建筑有什么不同。

也有些作品是以想象为出发点，让年纪较小的孩子也容易参与到其中，"光的城市"就是一个非常好的实例。"光的城市在很遥远的北方，那里有半年都看不见阳光，因此，城市只能通过建筑物从室内散发出来的光来模拟阳光。"由此出发，让小孩自由发挥想象力做出各式各样的建筑与门窗，"光的城市"就此诞生。

以上讲到的只是其中几个例子，现场还有好多不同主题的建筑作品，既有童心创意又有文化意涵，而且全都出自孩子之手。

建筑让孩子的世界变得更宽广了，一边玩建筑一边学习这个世界不同的居住方式、建筑材质以及文化。我想这大概就是芬兰的设计与建筑之所以能够以小国之姿在世界版图上占有一席之地的源头之一吧！

设计与建筑不是去模仿别人的形式，而是去思考为什么要有这样的形式、为什么要使用这样的材质，又是否适合当地的文化。建筑从来不只是建筑，总是与当地的文化、历史相关。小朋友在玩建筑时被鼓励从这样的角度去思考，而我这个成人看到这些建筑作品都跟着悸动，身在其中创作的孩子想必收获更是丰盛。

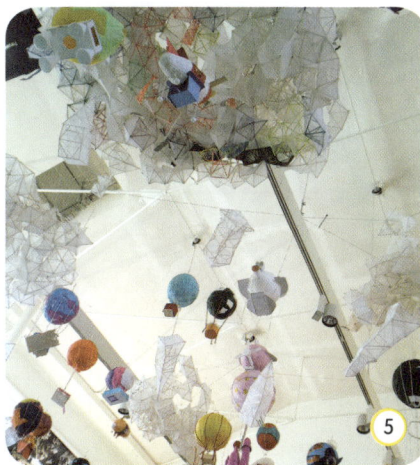

① —— 开幕现场有泡沫塑料让孩子们玩建筑

② —— 乐高工作坊让孩子们自由发挥

③ —— 阿雷与他的作品

④ —— 小朋友的木屋建筑作品

⑤ —— 建筑展的天花板一景

孩子玩创意不用人"教"

开幕式结束后，一场乐高积木的工作坊接着开始。我之前曾听朋友提到过，四岁多的孩子在上建筑课时常常玩乐高，然而老师并不是"教"他们怎么盖乐高，而是给他们主题，让他们自己随意发挥。

我带着孩子找了一个位子坐下，果然没有老师在"教"，所有的孩子都自顾自地用乐高自由创作。我帮阿雷从装积木的大盒子里随意拿出几块让他玩，没想到他居然用我随便乱拿的积木加上自己去补来的几块乐高拼成一台小赛车！找不到足够的车轮也不要紧，他自己会找别的东西代替"轮子"，这甚至是他第一次玩乐高呢！孩子天生就富有创造力，果然不需要人"教"，只要给他工具让他自由想象发挥就好！

这个儿童建筑作品展与乐高工作坊不仅让我们母子有一段快乐的下午时光，也为身为妈妈的我带来一些启示。我开始理解为什么每当赫尔辛基市要开发新区向各方征求点子时，常会邀请这所建筑教育机构的学生们参加。几年前我就曾看过Arkki的孩子们用无限的想象力创作出可能考虑盖在赫尔辛基南方港口的古根海姆博物馆。八岁的孩子就可以自己创作出城市新建筑的设计点子并化为模型，而他的作品也真正被尊重、展示，并用计算机模拟的方式模拟出作品放在博物馆里。

孩子本来就是社会的一部分，他们的创意值得尊重与参考，他们的建筑点子甚至会为成人僵化的头脑带来灵感，帮助我们用不同的眼光去看世界。孩子也完全有能力在适龄、适度的引导下思考建筑与不同文化之间的关联，了解不同建筑形式背后的含义。

这样的一个儿童与青少年建筑开幕展，不仅孩子玩得开心，妈妈也开了眼界啊。

别让"算计"伤了孩子的心

赫尔辛基会在每年八月中旬举办一年一度的"艺术之夜"。为了能参加心目中的精华活动,我通常会提早搜寻各种活动信息,制定行程计划。

有了孩子后,我不能再以"上山下海"的冲劲在有限的时间内东奔西跑,必须顾及孩子的兴趣与喜好,寻找适合带孩子参加的活动。于是,城市的艺术之夜不再只是我的体验,而成为"我们共同的一夜"。

两岁多的孩子不再是任由妈妈"摆布"的小婴儿,已有相当强的意志力。第一次带他一同前往,对于我们母子俩会擦出什么样的火花,我其实充满了期待。艺术的体验自是在意料之中。没料到的是,这一夜孩子竟不知不觉地教了我好多功课,而我作为妈妈的缺点也在孩子面前无所遁形。

也许我该学着陪他等待

我们的第一个行程是到赫尔辛基的南部海边探访一个现场制造乐器的活动。到了现场,只见草地上展示着许多自制乐器,三四张长桌上摆满了各种工具,每一张长桌边都有人正专心制作乐器。我带着阿雷在桌边晃了一圈,他颇有兴致地指着桌上的穿孔机问我:"那是什么?我也想试试看!"

于是,我们在一旁的长椅上坐了下来,排队等待。我很快就发现,这样的等待遥遥无期。我们坐了十分钟,每一个做乐器的人都仍在制作中,坐在长椅上排队的人也完全没有移动。活动简介上说每一个乐器的制作时间从十分钟到两小时不等,我看了一下表,快四点了,我们和朋友约好五点一起去参加乐高工作坊,四点还有个设计花园的活动即将展开,我开始想放弃这个活动了。

我转头问阿雷："队伍排得好长哦，我们不等了，离开好吗？"

他摇摇头："不要。"

"但是，妈妈不知道什么时候才能轮到我们耶？可能要等很久很久哦，你要等吗？"

"要！我要试试那个东西。"（他指的是穿孔机）

其实，哪怕真的排队轮到我们，以他的年纪恐怕大部分还是我做。然而，我打从心底讶异他的坚持与耐心。一个不到三岁的孩子就这样坐在我身边，看着前面长长的队伍告诉我他愿意等待。我该这样等下去吗？此时天色开始微变，一片乌云飘到头上，方才还炙热的艳阳天瞬间就凉了起来。

又过了十分钟，长椅上跟我们一起排队等待的人群还是没有任何移动。我看了看阿雷，还是决定带他走。我没带伞，担心会下雨，而且我们也还有别的活动要参加，为了做一个他其实能参与的部分并不多的乐器而等上一两个小时，实在不是个好主意。

于是我告诉他："妈妈知道你愿意等，但是要再等一两个小时才能轮到我们，真的太久了，我们现在走，待会才能跟乐乐哥哥一起玩积木哦。"

他听到"积木"这个关键字心动了，终于愿意离开现场。顺利离开时，我的内心却有什么东西被触动了一下。我知道决定离开不无道理，尽管孩子能坚持又有耐心，但真要在原地等待一两个小时，我也怀疑他是否能坚持到最后。然而我却也忍不住反省是不是我太没耐心，一心想着接下去的行程，所以不愿意陪孩子再多等一会呢？也许，我其实可以有另一种做法？也许，我可以陪着他继续等，直到他自己决定放弃的那一刻。至少他可以因此体验到等待是怎么回事，所谓的等很久又是怎么回事，而不是只由妈妈告诉他："因为要等太久，所以我们要离开。"可惜，这样的思绪一直到我在电脑前写下这个过程时才真正理清，当时只觉得仿佛意会了什么却未真正领悟。

孩子让我看见脑海中有多少"目的性"

接着我们走到设计博物馆的后院。庭院里四处放满了盛着花草植物的小盆栽。这里正在举办"让我们一起造花园"的工作坊。负责人一看到我们就拿了可爱的彩色浇花壶来问阿雷要不要浇花。

喜欢玩水的他马上拿起浇花壶浇完一圈又一圈，竟浇了三四十分钟的花！哪怕裤子、鞋子都弄湿了，他也一点都不在意。在意的反而是在旁边看着的我，满脑子都在担心他鞋子全湿后没办法继续接下去的行程。

好不容易说服他离开，没想到临走前他又发现地上放着一块画满彩色画的木板。阿雷像是发现新大陆一样拿起刷子大刷特刷，不只刷木板也把旁边的叶子刷成蓝色。陪着他在花园里浇花、画木板，整整一个小时都依旧兴致盎然，我忍不住开始思考，也许对于小朋友来说，他们需要的只是一片花园或一片空间，照顾花草、灌溉生命、在木头与石头上挥洒创意。只要父母也发挥想象力用新的眼光来看身边的自然与事物，就会懂得跟小孩一起用随手可得的素材来玩游戏。

虽然当时我已经有所感悟，然而脑子里仍记挂着待会儿要去参加别的活动，加上他开始把颜料抹到衣服和裤子上，而我又没带换洗衣服或纸巾，最终，出于无奈我只好想办法催他上推车，终止了他的画木头初体验。

其实，我心里是有点自责的。我知道会担心衣服鞋子脏掉，是因为我的头脑里带着那么多的"目的性"，例如"脏掉后不方便接下去的活动"。然而对孩子而言，全部都弄脏又如何呢？省略下一个活动直接回家又如何呢？也许对他而言，这一夜就在这个小花园里画到尽兴已经足够。

我越来越清楚地意识到，不是我在陪他，是他在陪我！在这个我自以为的，以儿童为名的艺术之夜里。

孩子最有尝试的勇气

接着我们与朋友相约在儿童艺术文化中心安娜大楼。今天这里有很多免费工作坊，彩绘、手作面具、用废弃电器用品创造新东西、织品工作坊等，也有给三岁以下小孩看的儿童动画。最后我们在织品工作坊停留，对手工艺超级不在行的我问老师可否教我做？老师露出"从没听过这种问题似的表情"说："你可以自由发挥啊！"这时我才发现自己对于不擅长的事物少了点尝试的勇气。的确，随便试试也可以，为什么一定要别人教呢？

我选了三个彩带，像绑辫子一样做了小手环给孩子。阿雷则拿了一团毛线坐在我旁边乱玩，最后拿起不同尺寸、颜色的钩针玩起吊毛线的游戏。相较于我没什么创意的编彩带，他倒是发明了毛线和钩针的新玩法！不会打毛线就用勾的，小孩对材料果然完全没有成见，没有既定的玩法，当然也不需要询问大人、专家、老师怎么做，就是本能地动手做任何想做的事。

孩子真的是天生的艺术家。我不禁问自己在教导他生活规范、基本礼仪的同时，该如何也尽可能让他能无拘无束地继续用天真的眼睛、不受限的想象力来探索这每一天都为他打开的新世界呢？

后来，我们没有再参加任何工作坊，只是让孩子们在庭院的树丛小迷宫里自由奔跑嬉戏。回家的路上我想了很多。打从心底感谢这一天，感谢孩子让我看见我的脑海中有多少的框架和目的性。感谢孩子，让我体会到耐心、等待、活在当下、忘掉原本的计划是多珍贵的特质。我告诉自己，要学着尊重孩子的喜好，尊重他在当下的乐趣与专注，不要总为了自己的计划而打断他。也许，带着孩子参加艺术之夜只是要让已经成人的我们再一次重新体会生活的艺术是怎么回事，而我们最好的导师就是我们的孩子。

❶ —— 正在做乐器的大人小孩
❷ —— 编织工作坊进行时

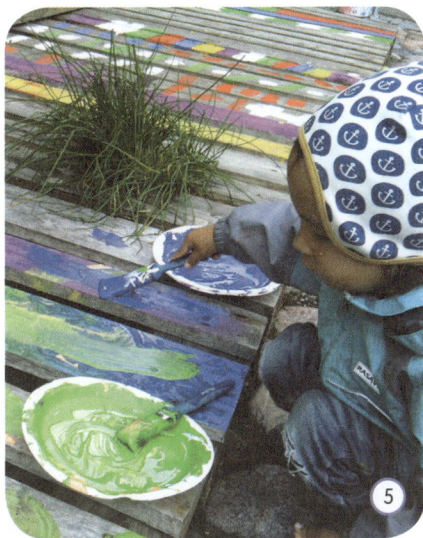

③—— "让我们一起造花园"之浇花活动

④—— 小朋友们正学着用电子废弃物创作新东西

⑤—— "让我们一起造花园"之画木板活动

Part 5

让育儿更轻松的秘密

传说中的"芬兰妈妈盒"

2013年，好几位朋友在看了台北报纸上一篇关于"芬兰妈妈盒"的文章后，纷纷写信来问我真伪。因为文章的标题写着"芬兰婴儿死亡率低都是因为睡纸箱"。这听起来真是不可思议，而我看到原本很平常，每个芬兰妈妈都可以领取的福利，竟然摇身一变成为某种"传说中的神奇纸箱"时，实在感到很有趣。其实，我觉得这个标题有些夸大其词，但既然新闻因此引起大家的注意，就有必要再来补充说明一下妈妈盒。

用妈妈盒全面照顾新手父母的需要

"芬兰妈妈盒"其实只是一个装满初生婴儿和新手父母必备用品的纸箱，每个芬兰准妈妈在孕中期过后都可以向政府免费申请。盒子里包括初生婴儿需要的衣物、睡袋、床单、温度计、指甲剪等生活用品，甚至还有小玩具和宝宝启蒙书籍，目的是用来鼓励父母和初生婴儿互动。重达九公斤的妈妈盒中除了婴儿用品之外居然还附上保险套、润滑剂和夫妻产后关系辅导手册！的确，和谐的夫妻关系和快乐的父母是孩子健康成长的基石，芬兰人对于家庭产后需要的设想果然很全面。

最让人觉得新鲜的一点是：小婴儿真的可以睡在纸箱里面吗？至少，在我家是如此。

纸箱确实可以当小床

"妈妈盒"长70厘米、宽40厘米、高27厘米，如果在箱子底部放上一层薄薄的海绵垫或购买市面上的"妈妈盒专用婴儿床组"，就可以让硬硬的箱子摇身一变成为婴儿小床。我虽然也有准备婴儿床，但是孩子提早来报到，完全没来得及买床上用品，而且当时阿雷实在太小了，我真心觉得这个小纸箱更适合当床。于是我就跟传说中的许多芬兰妈妈一样，让一两个月大的阿雷睡"纸箱"，并专门给他买了"妈妈盒专用婴儿床组"。白天，阿雷睡在纸箱里，我可以把箱子搬来搬去，有时放婴儿床上、有时放餐桌上、有时放厨房地板上，对于这个"即轻巧又可以随意移动的小床"，我十分满意。孩子大了以后，虽然不能再睡里面，但是他还是会"躺进去玩"。

不过话说回来，这箱子虽然好用又好玩，但若要说芬兰婴儿的低死亡率只是因为让婴儿睡纸箱，还是有些"欺诈"的成分哦。

妈妈盒在1938年开始发送时，只给家境相对贫困的母亲。纸盒确保了婴儿有干净的地方睡觉。到了1949年，随着医疗的进步，国家要求所有准妈妈在怀孕四个月前接受产检，然后才能领取妈妈盒。也就是说，妈妈盒是让所有准妈妈都定期接受孕测的措施之一，以便尽早发现胎儿的健康问题。产检系统完善了，自然就降低了分娩风险与婴儿死亡率。

妈妈盒，展现芬兰人重实用的设计理念

妈妈盒展现了芬兰人重实用的设计思维，它可以布置成舒适的婴儿摇篮，不需要时扔掉也可以环保回收或另做其他用途。新款妈妈盒甚至在盒子的表面画上了"家族树谱"，让盒子更美丽的同时也多了一份传承的意义。而妈妈盒"一盒多用"的设计，原本就符合北欧设计注重实用性的精神，现在这样的精神也继续在我家上演。原本束之高阁的纸箱，最近又被阿雷变成新玩具，每天都开发出不同的新玩法。

从妈妈盒的内容物到各项产检措施的安排也让我再次看到芬兰人的育儿思维：一个社会要有健康的下一代，第一步是先照顾好养育孩子的父母。准父母在准备当父母的过程中，能从各方面得到政府的协助。当你连孩子刚出生时所需要的用品都不用烦恼时，就让育儿这件事有了个妥善美好的开始。

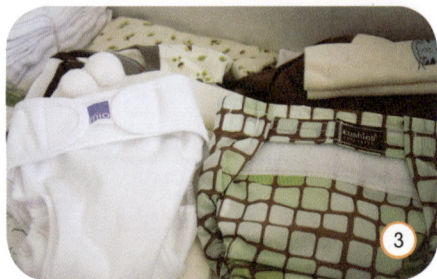

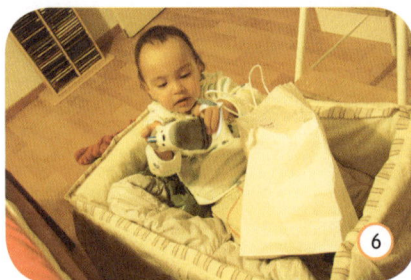

❄ ✳ 做孩子想要的妈妈

❶ —— 妈妈盒的专用床罩

❷ —— 妈妈盒里的小衣服

❸ —— 妈妈盒里必备的婴儿衣物

❹ —— 新的妈妈盒上有家族树谱的设计，非常美丽

❺ —— 躺在妈妈盒里的阿雷，只有三个月大

❻ —— 两岁一个月，只能坐进盒子里玩了

❼ —— 妈妈盒可以当小桌子玩过家家

❽ —— 长大后坐在妈妈盒里一样好玩

❾ —— 妈妈盒也是玩具盒

❿ —— 把妈妈盒当车子开

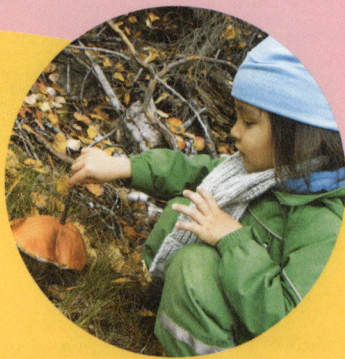

育儿其实很有趣：
孩子的权利

幼儿园入口处的告示牌上曾分享给家长一篇名为《孩子的权利》的文章，我想节录其中的几段来分享给大家：

孩子有权利去游戏，有权单纯做一个孩子。他既不是大人的缩小版，也不是为了挑战未来而加紧催熟的水果。未来，是为孩子而存在。

孩子有权利去感觉，有权利哭泣。如果孩子不被允许哭泣，他不会懂得什么是悲伤；如果孩子不被允许大笑，他会开始变得嫉世而冷漠。

孩子有权利拥有父母，一对爱他、不匆忙的父母。如果你很忙碌，至少不要将匆忙的感觉感染给你的孩子。

孩子有权利拥有干净又充满生机的大自然，不用为地上的玻璃碎片、街上的报废车辆和充满废气的黑色早晨而害怕。

孩子有说话表达自我的权利，哪怕听来像胡言乱语。同样的，孩子也有权利保持安静。

孩子有权利好奇、对事物有疑问或觉得奇怪。在幼儿的眼中，成人的世界常看来非常怪异又悲伤。

孩子有权利交朋友，不要孤立你的孩子，也不要让孩子们彼此互相孤立。

孩子有权利拥有生活的界限，且有无限的权利可以跟让他有安全感的成人一起共同探讨并了解这些界限的意义。

倾听你的孩子，看着你的宝宝，学着读懂他，并且记住关上电脑与电视就跟打开它们一样简单。每天晚上，当孩子入睡后，问问你自己和配偶，为什么要生养这个孩子。

我站在幼儿园门口，读着这些文字，心中觉得很感动。老师则凑过来对我说："看上去很简单的文字，其实要做到很不容易啊。"是啊，文字其实来自好几十年前的旧剪报，然而其中的道理却如此的隽永。

我喜欢常常回味这几句话，在快对孩子失去耐心的时候，问问自己：为什么要生养这个孩子？瞬间心就会更加柔软。

让我们一起学着用更柔软的心对待孩子，让他们做个孩子，也让他们慢慢地长大。

*《孩子的权利》原文来自 Matti Elonen 先生发表在艾斯伯市（Espoo）的教会刊物 Esse 十四期。

带着小孩，畅通无阻

　　过去几年里，芬兰从设计到教育都成为台北"取经"的对象。芬兰真的有那么好吗？坦白说，世上没有完美，不过在提供良好育儿环境上，这里确实很优秀。2013年，芬兰甚至在"拯救孩童"国际组织的评比中被选为"最适合当妈妈的地方"。以我个人来说，政府若能在生活细节上照顾到妈妈与孩子的需要就会让人觉得幸福。对我来说，让我感觉幸福感爆棚的是一件再简单不过的生活小事：带小孩出门。

推车畅行无阻

　　我常从自家公寓出发，走3公里到市中心的图书馆，再走到超市买菜，再慢慢走回家。无论是图书馆还是超市，一定有便于通行的推车走道代替阶梯，并有自动门让推车可以顺利通过，一路上也一定有人行道与自行车道让小孩和推推车的妈妈安全行走。虽然我们住的地方是小城市，但即使在首都赫尔辛基，推车也一样畅行无阻。

　　当然并非所有地方都能用推车通行，有些店家碍于老建筑本身只有阶梯，所以不方便使用推车。但对妈妈来说很重要的基本生活需求，如买菜、去图书馆、到森林散步等，推车前行确实畅通无阻。

坐推车乘交通工具免费

　　此外，在赫尔辛基交通区内（涵盖附近五六个城市），孩子七岁前坐推车搭乘任何交通工具时，推车的父母其中一人免费，让人得以尽情带孩子乘坐交通工具出游。当然，这些便利服务也因地而异，我目前居住的城市离赫尔辛基交通区只超出两站，就不再享有这项优惠。

大部分车站上下月台虽方便，但老式阶梯式火车或电车还是要请路人帮忙抬车。虽然还有很多需要改善的空间，总体来说，在芬兰带小孩出门还算是一件方便轻松的事情。

六岁以下小朋友有可爱的火车票

另外，六岁以下孩子坐火车时可以领一张免费的"火车票"，上面有各种不同的图案，有看书的猫、滑雪的企鹅、芬兰著名童书的主角等等。这些火车票是与芬兰著名童书出版社Tammi合作的，光是把玩这些印有彩色绘本图案的车票就让孩子们很开心了。年纪大点的孩子还会模仿父母把票拿去自动盖票机盖章。有一次，一个小孩这么做时，列车售票员和妈妈就在旁边说："这样多好，从小就学会上车要买票、盖票！"

可爱的车票，原来也是教育幼儿的好帮手。

小孩推车让逛超市变成好玩的事

芬兰的超市中，除了大推车上有小孩座之外，大部分的超市都提供小推车给孩子推。还有一种推车可以让小孩在下面"开车"，上面则放篮子让父母装菜，一举数得。

尽管我常觉得芬兰服务业在效率上很有进步的空间，然而以"提供给孩子的服务"而言，我真心觉得他们深谙"孩子逛得开心，父母才会买更多"的道理。小推车让孩子对买菜很有参与感，也让逛超市变成一件好玩的事！因此，在芬兰"带着孩子"不会是妈妈不方便出门的借口，大部分地方都可以让小孩与妈妈开心地散步悠游，处理日常事务。

就在这一点一滴的生活"小确幸"中，我越来越珍惜并欣赏这个朴实国家对孩子的尊重与照顾，同时也再一次觉得所谓的便利与不便，是因事而异的。以吃喝玩乐而言，没小孩时绝对会常常想念台北的便利性，有了孩子之后，重视的反而是这种生活中最基本的行动便利性。看似简单的"行"，一旦做到便利，妈妈与幼儿的生活空间和自由度就不会受限，生养小孩也不见得会让生活变得"不便"。

当然，芬兰碍于气候也有"生活不便"的时候，比如寒冬。所谓的"不便"指的不是路况，因为哪怕前晚才下了大雪，铲雪车也会尽可能地在黎明前将主要道路和人行道的雪铲开，确保行人与车辆行走方便。只是，当天寒地冻、大雪纷飞时，哪怕道路行之无碍，但光是出门就要先裹上一层层雪衣，这时就会怀念起台北冬日的"便利"。

所以"便利"这回事，要看从什么角度去衡量。借鉴和羡慕别人之余，也别忘了珍惜自己所处之地的幸福啊。

❶——六岁以下的孩子，坐火车免费并有自己的可爱火车票

❷——长途火车上的儿童车厢，有滑梯、书籍和各种小玩具

为什么到处都是免费游乐场

我常在育儿书籍上看到：幼儿每天除了吃睡之外最主要的工作就是玩。孩子们可以从游戏中探索事物、了解世界、发展肢体和语言认知能力以及社交能力。

每个国家因各自地理与文化环境的不同，自然会提供给孩子不同的玩耍空间。与芬兰相较，台北似乎有更多精致的游戏空间，例如各式各样的亲子餐厅或是各种主题乐园。而芬兰也许因为地广人稀，森林广阔，所以最好的游乐场通常是大自然。除了大自然之外，还有许多游乐场来自政府与社会善意的规划。

"家门口就有得玩"如同儿童基本福利

还记得我们搬到目前的公寓之前，家父曾来看过环境，他记得最清楚的一件事是"附近都是大树，门口就有一个公园可以让孩子随时去玩！"

孩子还是婴儿时，我天天推车到离家五分钟路程的森林步道散步。现在孩子大些了，就开始带他去家门口荡秋千、溜滑梯。公寓门口的树上有人们为松鼠盖的家，邻居甚至天天为松鼠准备食物，因此每天都有松鼠在门前跑来跑去。而这一切不是"我家门前"独有的福利，而是几乎家家户户门前都有的风景。

芬兰几乎每栋的公寓门前都有儿童游乐场，游乐场中有秋千、沙坑和弹跳小马等玩具。"家门口就有得玩"有如儿童的"基本福利"，落实于公寓和住宅区的规划之中。

出门散步也被森林与自然围绕，这是在芬兰育儿的最幸福之处。

城市公共游乐场无所不包

除了公寓门前的小游乐场之外，每个城市也会在一些地点设置家庭中心或公共游乐公园。公园里有适合不同年纪孩子的游乐设施，规模大一点的也会提供大型玩具车。小一点的公园里会有夏天让孩子赤脚奔跑的小山坡，到了冬天小山坡则变身滑雪坡，还有大沙坑和玩具挖土机等，而这一切，通通免费！几乎每次去，我都会发现公共游乐公园的工作人员根据当天的气候推出新花样。比如草地上会有玩具隧道让小孩过山洞，地上则放洗澡盆让小孩玩水。

因此，在芬兰养孩子，光是自家门前的儿童游乐场和公共游乐公园就玩不完了。

衣食住行，孩子都是"考量"之一

我逐渐发现，在芬兰的整个大环境里，食衣住行各项需求其实都是以孩子作为重点"考量"对象的。

餐厅里都有儿童餐椅，许多餐厅还设置小型的儿童游乐区或是提供几个玩具；长途火车上则会特别规划儿童车厢让孩子在火车上溜滑梯、看童书；就连我们家附近小到容纳不了几个人的药房，都在角落安排了一个盒子放满玩具车和几本故事书，以免儿童陪家长等待时无聊；音乐节和各式展览上也会规划儿童游乐区，让父母在看展之余小孩也有得玩，而且不会另外收费；当然，也没有任何一个展览或节庆会限定几岁小孩或一米以下的小孩不准进入。

于是，养小孩不是个"一带出门就很痛苦"的过程，而是上哪都可以带着孩子一起去的生活。

也许一切来自观念的不同

这些体验让我思考为什么在芬兰到处都有免费的游乐场？小孩在餐厅里、火车上、家门口、展览中，无处不可玩。也许，一切来自观念的不同？对芬兰人而言，幼儿本来就是社会的一部分，幼儿与家长的需要本来就该被考量进去，幼儿也不见得是社交的阻碍。

有一回，在芬兰出版社担任版权经理的朋友邀我参加出版社的夏日餐会，原本我因为必须照顾幼儿而婉拒，没想到她竟然说："欢迎你带孩子一起来啊！"结果，生平第一次参加出版社的餐会，我竟是带着两岁的儿子一起在作家、译者之间穿梭，这既是新鲜体验也是文化震撼。另一次，在赫尔辛基设计之都的展览记者会上，负责布展的设计师也带着襁褓中的婴儿一同参加。

而过去的两三年里，我们生活的小城市的跨年夜烟火都特地提早到晚上七点举办，只为了让有幼儿的家庭共同参与，方便他们看完烟火还来得及让孩子早点回家睡觉。这又是一个新的震撼，原本我体验过的跨年活动高潮都是三更半夜倒数放烟火，绝对不适合幼儿参加。没想到市政府把跨年烟火改在晚上七点举办，轻而易举地把跨年活动变成适合全家的欢乐活动。

当政府与社会尊重幼儿和父母的权益并纳入食衣住行的规划时，做法就会不同。于是，我一次又一次体验到在芬兰幼儿的方便，亲子共同的生活体验自然地从自家门口开始无限延伸。

育儿其实很有趣：
在幼儿园里帮老师修门

有一回，我们去幼儿园接孩子时看到一个让我觉得很新鲜的景象：

那时是下午四点半，幼儿园只剩下阿雷和另一个孩子。我们走进去时正好看到园长手里拿着钻孔机，带领这两个分别是三岁多与六岁多的小朋友一起"修栅栏门"。园长对我们点点头打招呼，告诉我们栅栏需要钻洞上锁，于是就带着园中剩下的两个小朋友一起做。

我站在一旁看着园长很有耐心地引导阿雷，一次不成功就再试一次。有时候，园长会先钻好一点点来降低难度，再让阿雷顺利地把螺丝钻进去，并且让阿雷和小哥哥轮流尝试。我很欣赏这样的做法，教育一直就在日常生活的事物中啊。老师请小孩帮忙修门，其实需要花更多的时间与力气。她自己修，两分钟就好了，带着孩子一起，也许要摸索个十来分钟，这一切全为了降低他们的学习门槛，让他们对自己的能力有信心的同时提高学习新事物的兴趣。从此以后，孩子就有了"我也可以帮忙修门"的参与感和成就感！

小小的一个修门动作，我看见的是背后的用心与哲理。日常生活中的大小事，只要能让孩子学着"动手作"就是最好的练习与学习。

我想起秋天时，婆婆会带着阿雷在院子里扫落叶，冬天时则在木屋边铲雪，春天时让他帮忙浇花。虽然三四岁的孩子，"帮忙"其实也是在"玩"，然而正是这份"玩的心情"，让他们自然而然地乐于参与，无形中就是潜移默化的生活教育。

动手做的可以是木工、艺术创作，也可以是烘焙、画画、陶艺，当然也可以是洗碗、修缮、铲雪、扫地。大多数的日常生活事物，只要成人愿意，其实都可以找到方式让小朋友尝试自己动手。而我们需要的只是换个想法、多点耐心，愿意多花一些时间，让孩子们尝试，如此而已。

福利政策让育儿更自然

我常常思考为什么人们在芬兰能愉快地育儿。我认为美好的自然环境、各种有趣又以孩子为中心的活动、政府给母子在政策上的整体配套协助、来自政府与民间的社会支持网络都是非常重要的环节。

父母的后盾：育婴假与各种育儿津贴

芬兰妈妈在孩子出生前后可领四个月的妈妈补助金。在孩子4-9个月大时，双亲之一可领取家长补助金。孩子九个月到三岁之间，双亲之一若在家照顾孩子则可领取在家育儿津贴。此外，从2013年1月开始，爸爸在孩子满两岁前可申请九周爸爸假，并领取爸爸津贴。若是妈妈产前有工作，在预产期前的六周可申请育婴假，专心待产，且头九个月中，除了政府津贴之外还会以工作的薪资为准发放额外补贴，平均约可领取七成全薪的津贴，因此有工作的妈妈通常至少会放九个月的育婴假。如果准妈妈的工作合约属于没有期限的长期雇约，那么她甚至可以选择在家育儿三年，雇主必须为她保留职位。九个月之后的在家育儿津贴约为每月三百欧元，如果家中的总收入少于特定金额，还可得到约五百欧元的额外补贴。

有些城市因幼儿园供不应求或是想节省财政上的支出，会鼓励家长之一在家育儿直到孩子两三岁，城市会为此提供一百到三百欧元的额外津贴。此外，政府每月还会提供约一百欧元的孩子养育费，与家长的津贴加在一起，粗估每个家庭每月可领取四百到七百欧元的补助，实际数目会因城市规定、家庭孩子数目与收入状况而异。正是这些政策让人们得以暂时离开工作岗位，在家里全心享受育儿时光而无后顾之忧。

四万人的小镇，竟有五十个游乐公园

因为政府鼓励在家育儿，所以无论大城小镇都有完善的育儿配套设施，比如随处可见的游乐公园。以我居住的城市而言，在这个芬兰面积最小、总人口不足四万人、总面积不到38平方公里的城市中，儿童游乐公园居然有50个！由此可见游乐公园的密度之高。游乐公园视地点而异，大小不同。我们很幸运，自家附近的游乐公园正好也是城市的家庭中心，因此除了游乐设施外也常安排各种活动以供父母带孩子一起参与。游乐公园同时是父母的社交园地，带孩子来玩的同时还可以顺便交换育儿心得。

阿雷还是婴儿时，有父母组织成立了婴儿俱乐部，每周五固定两小时安排不同的活动，如亲子唱游、婴儿按摩、画画、游泳、玩水等，且全部免费。孩子一两岁后，每周三早上有运动俱乐部，包括玩球和体能运动。每周四则有户外唱游课，免费欢迎任何人随时加入。

游乐公园，创造亲子共同的美好回忆

我们也在游乐公园尝试了许多共同的第一次！有一次，家庭中心举办用面团盖手印或脚印的活动。每人可领一份面团擀成想要的形状后印上孩子的手印或脚印，回家放进烤箱，完成后就是最好的纪念品！领面团的同时，还会拿到材料制作的成分比例说明，让家长可以日后在家里自己做。

另一回，家庭中心参与了社区周的活动。活动现场放音乐、发气球，并邀请大人小孩一起去烤"棒子甜面包"！就是把甜面包面团拉成长条状，卷在长长的木棒上像烤肉一样在铺满木炭的大圆坑上烤，炭烤几分钟后面团就会慢慢变成金黄色，这时再往中间空心处加一点奶油和糖，就是又香又甜的棒子甜面包。

我带孩子去时，家庭中心的员工问我以前是否烤过，我回答没有，于是她贴心地给了我们母子俩一人一个面团，烤完后我们坐在石头上吃得不亦乐乎，生命中又多了一项新体验。

1 —— 家庭中心邀大家来免费烤面包
2 —— 在游乐公园的活动里第一次尝试制作炭烤面包

幼儿日间照护团体

针对已经两三岁却还未上幼儿园的孩子，城市提供了选择"日间照护团体"的机会。以我们这个城市而言，两岁半到三岁的幼儿，每周可以选择一天，上午十点至十二点学习适应团体生活，费用是一个月十欧元。两岁半到三岁这组只收十个人，至少有两位老师照顾，刚开始时会请家长填写表格，说明孩子的个性、需求、喜好和家长的期待，并邀请家长和孩子一同前往，认识新环境并沟通育儿观念与需求。如果是三到六岁的孩子，日间照护团体则是一周两天，一天两到三小时。

我好奇地询问工作人员为什么政府在开设幼儿园之余还要设立日间照护团体？她告诉我："不是每个家长都想把孩子送去幼儿园，却又希望孩子可以独立适应团体生活。也有家长觉得这个方式可以让孩子慢慢习惯团体生活，为将来独立上幼儿园做准备。"

除了城市家庭中心之外，各地区的教会也有类似的日间照护团体提供弹性的选择。此外，一些民间机构例如"曼纳海姆儿童保护协会"（MLL），则在全国各地设立"开放幼儿园"，每天免费安排各种活动，有手工艺、讲故事、音乐游戏课等，让在家带孩子的家长也有交流的好去处。

赫尔辛基的安娜大楼文化中心则隔周都安排三岁以上、还没上幼儿园的孩童"艺术体验日"，让家长带孩子一起体验新的材质或艺术创作形式，且活动完全免费。

这些例子好像可以一直举下去，从市政府的家庭中心、文化中心、教会再到民间团体，大家共同织起一个育儿支持网，确保孩子与父母在经济和生活空间上都有足够的后盾。

公私立幼儿园网络密集

想让孩子上幼儿园时，家长可以直接在网上申请由当地市政府创立的公立幼儿园。芬兰幼儿园分布密集，以我目前住的城市为例，总人口不到四万人，共有29所幼儿园，其中21所是公立的。我家附近五百米的距离内就有3家幼儿园。公立幼儿园主要招收1～6岁的孩童，每个家长在申请时都可以排出自己希望的优先级，不过最后会被安排到哪家幼儿园得看申请的幼儿园是否满额。此外，父母也可以依照个人工作需求决定孩子上幼儿园的时间，如选择全天还是半天、一周上几天等。我常遇到自愿一周上班四天，周五不上班陪小孩的妈妈。政府规定，家中有八岁以下孩子的双亲之一，可与雇主协调百分之八十的上班时数与薪资，好让年幼的孩子多享受与爸爸或妈妈相处的亲子时光。还有些幼儿园专门提供给上班时间日夜不固定的父母。

此外，家长还可以选择家庭式托育或是申请私立幼儿园。有些私立幼儿园与公立幼儿园并无不同之处，有些则有独特的特色，如听障儿的幼儿园、过敏儿的幼儿园，重视体育、音乐、戏剧或艺术的幼儿园，不同语系的幼儿园等。如果选择上私立幼儿园，政府也会提供额外补贴，所以花费不会比公立幼儿园贵很多，通常每个月会多几十欧元。

过去三年多来，我在芬兰的育儿生活之所以如此多彩多姿，既不无聊也不用额外花费，就是因为有这些来自政府机关与民间组织的育儿支持做后盾。如此一来，哪怕是在家做全职妈妈也能安心育儿，不用担心经济问题而且一点也不寂寞。

育儿其实很有趣：
到二手店挖宝去！

在芬兰养小孩其实也可以"不贵"。只要愿意花时间去二手店挖宝，不仅可以省下大笔费用，挖宝的本身也是一种乐趣。

芬兰人一向对二手用品情有独钟，大城小镇都有二手市集和店铺，光是我们这四万人的小镇就有至少四家二手店，而且每一家都规划了孩子的游戏区。

此外，整个夏天每周三的傍晚，市政府都允许市民到步行街上卖东西，儿童保护协会的地方组织也固定在换季时举办儿童用品二手市集。芬兰这两年甚至有所谓的"二手市集日"。每当"二手市集日"举办时，所有城市当天都变成二手市集，广场上、街道旁，到处有人摆摊卖东西，家里清出的多余物品也许会是另一家人的宝藏。

以人口不到一百万的赫尔辛基市区来说，则有至少九到十家"专卖小孩用品的二手店"，大部分都是提供空间给想卖二手衣物的父母们租用。

　　也有民间非营利组织建立的二手店，比方"曼纳海姆儿童保护协会"（MLL）就搜集父母们捐赠的衣物用品，卖出所得用为儿童保护协会的经费。大部分的店家都会用心将孩童的用品依照性别、尺寸、类别等分类摆好，方便寻找。

　　我第一次帮阿雷挖到的宝是一件橘色的冬天连身雪衣，才10欧元（约合人民币70元），若是新品，最少也得花上40欧元呢！我还找到一件红外套，看起来像全新的，也只花了10欧元，阿雷连穿了三个冬天，实在太划算了！

　　回想一下，搬来芬兰前，我从来没想过二手物品这么有趣，在芬兰住久了才耳濡目染地融入这样的文化。密集的二手用品网络既减少资源的浪费，又延长衣物的使用年限，还可以节省育儿经费，而搜宝本身更是生活的乐趣！

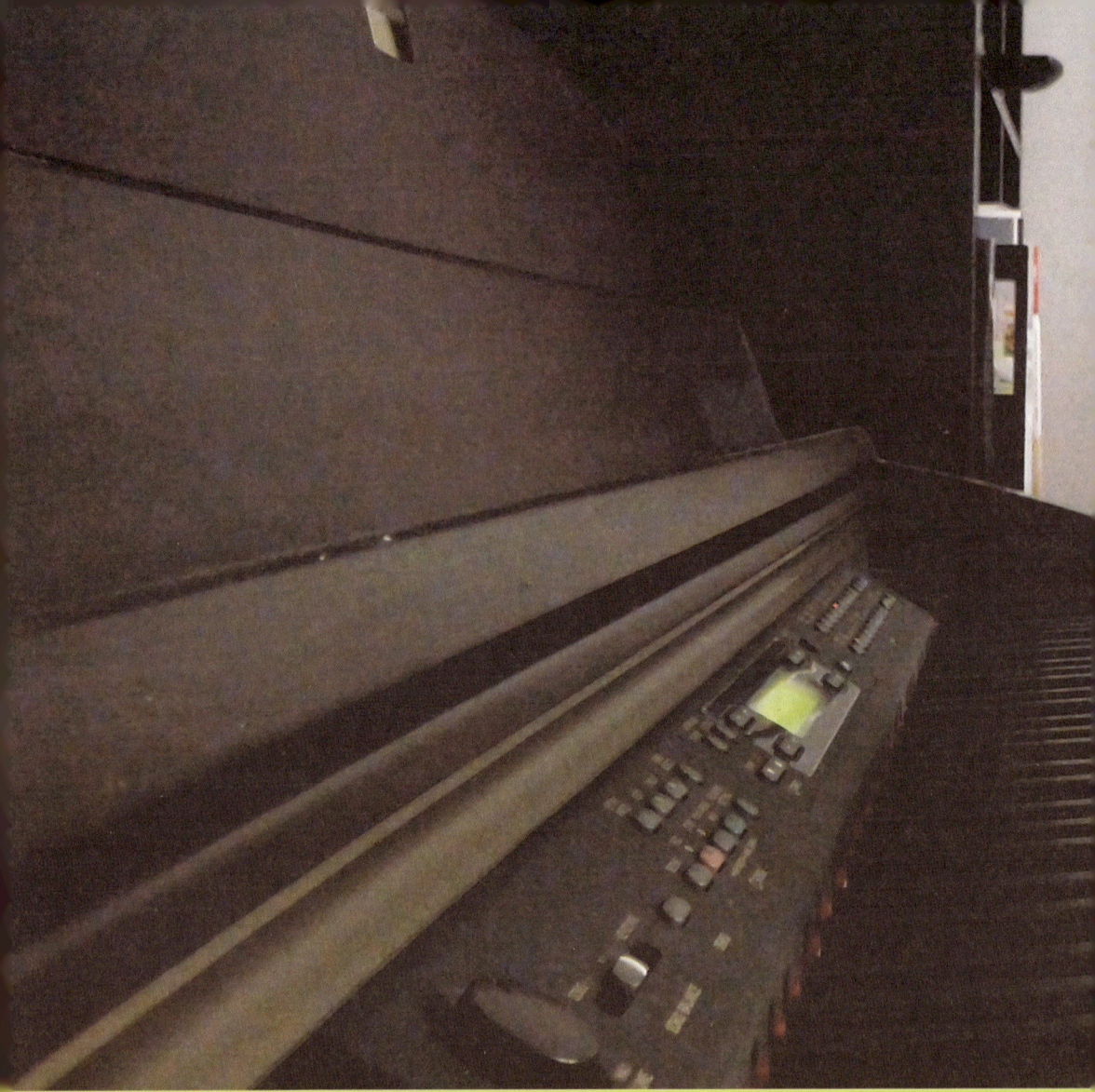

Part 6

懂音乐的孩子，
走到哪里都幸福

神奇的芬兰音乐游戏课

"音乐游戏课"是芬兰家长最爱带幼儿参加的活动。每年都有将近五万名学龄前儿童参与到其中，要知道芬兰总人口才五百多万。

我家阿雷在九个月大时，也加入了音乐游戏课的行列。

幼儿音乐游戏课居然也有结业证书

有一回在暑期课程结束时，蕾亚老师走过来交给阿雷一张证书："阿雷，这是你的音乐游戏课结业证书哦！"证书上面写着：

阿雷克西在六月五日至二十一日之间，参加了亚尔文帕市1~2岁幼儿的夏日音乐游戏课，他在课程中得到了适合他年纪的婴幼儿音乐教育，上课期间是个开心又有活力的孩子。蕾亚（老师签名）

此时的阿雷快满一岁八个月，这是他人生中的第一张证书！这样的"证书"既是成长过程的纪念，也算是小小的"结束仪式"。有趣的是，音乐游戏课里正好也常用"音乐仪式"来引导幼儿。

用固定的"仪式"引导幼儿

每次课程一开始老师都会拿一面小鼓让幼儿轮流敲，并放手让他们用不同的方式感觉鼓、碰触鼓，敲完再传给下一个小朋友。同时老师会拿起芬兰传统乐器康特拉琴（kantele）边弹边唱："哈—罗，阿雷克西，哈—罗，阿雷克西，哎—哎—哎—呀—呀，真高兴你在这里！"一个接着一个，带着幼

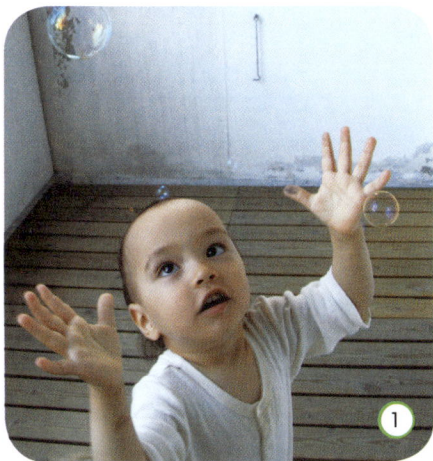

1 —— 边放音乐边让孩子吹泡泡也是音乐课的活动之一，不过这是我家阳台

2 —— 我虽然没教阿雷弹琴，但他喜欢摸钢琴乱玩

3 —— 爱弹吉他的小孩

4 —— 三岁多的音乐课，鼓励孩子用各种不同的方式玩鼓

儿一起拍手拍腿并欢迎每个孩子来上课。下课前，老师也会用固定的几首歌曲在重复中让幼儿知道：八音盒要关上了，好玩的时光和回忆要收起来了，现在是和大家说再见的时候啦！

固定的开始与结束仪式让幼儿有一种熟悉的感觉。重复，也帮助幼儿建立安全感。

一岁八个月就可以接触民族乐器

通过音乐游戏课我也有机会和孩子一起碰触许多不同的乐器，阿雷第一次接触传统乐器康特拉琴时才一岁八个月。他好奇地用指甲拨出很大的声音，虽然指甲最前端因此有点断掉，却也得到了运用指甲的新体验！而我在芬兰住了九年多，居然是在幼儿音乐游戏课上才第一次摸到康特拉琴，孩子果然是打开父母生活的一扇窗啊！

重要的是让孩子聆听真实的声音

特别让我感动的是这些乐器不是玩具，全都是"真正的乐器"！

给孩子用的木琴，一个琴键就发出一种音调，且音调完全正确。康特拉琴既有特别做给幼儿用的迷你版，也有给成人使用的标准版，老师除了让家长和小孩一起用迷你版之外，也会让所有人轮流尝试标准乐器。

有一天下课后，我们母子俩因为还要等火车就留下来和老师聊天，讨论到这一点时，老师说："所有的学习和感受都在细节中，让孩子们接触真正的乐器，他们才能听到真实的声音，这很重要。就像学语言一样，你的耳朵会从真实的语言交谈中自然学会正确的音调是什么样子。"值得一提的是，有些乐器甚至是老师自己亲手做的，例如在一根木棒上用毛线缠出一个又厚又紧实的球，木棒就变成了鼓棒。

尊重孩子探索的天性

老师还说："给孩子乐器时要先让他自由尝试摸索。有的小孩一开始静不下来，需要先跑跑跳跳，这时要顺着孩子的个性。如果孩子玩得正在兴头上时，也不要在此时硬把东西拿走。对孩子我们不能急躁，要一直提醒自己这一点。"我想，阿雷会这么享受这堂音乐课也和老师的作风很有关系。她总是懂得从孩子的角度出发，尊重孩子，给予他们探索的空间。也许，尊重孩子并给予他们探索的自由才是幼儿音乐游戏课中最重要的事。

我们常会不小心用知识的框架框住孩子，谁说鼓一定要这样打，木琴一定要这样敲呢？也许，当成人愿意给孩子多一些弹性与空间，后退一步，将舞台还给孩子时，孩子才能用自己的方式与音乐和乐器建立一份正向而不受限的关系。

不要说"不"，换个方式引导

就在我和老师聊天的时候，阿雷突然把一片木琴键扳起来玩，我正要急着说"不可以"来制止他，蕾亚老师不但没有急着把它放回去，还把另一片也扳起来，放在自己耳边引导阿雷跟老师"讲电话"，同时顺便再扳一片给我，就这样我们三个人各拿一片木琴键，放在耳朵边"讲电话"。

当时我既惊讶又感动。"不可以这样，不可以那样"是我们最常对孩子说的话。因为在成人眼中，总觉得孩子可能会不小心造成破坏，所以第一个反应就是先制止孩子。然而蕾亚老师的做法不是如此，她尊重孩子对事物好奇的天性，容许孩子在安全并且不是"真正造成破坏"的情况下自由地探索乐器，甚至配合孩子当场玩起角色扮演游戏，有这样的音乐游戏课老师，我们母子真的很幸运。

原来教导"规矩"有很多种方式

到了该把木琴键收回去时，她也会对阿雷说："来，我们一起把它放回去，它要休息啦。"该把钢琴收起来时，她会说，"琴盖要盖上了，钢琴要睡觉啦。"阿雷留恋着教室不肯走时，她会和我一人一手牵着孩子，边唱歌边跳跃到门口，跟他说再见。观察蕾亚老师如何用音乐引导孩子，加上音乐游戏课的亲身体验，好像也教会了我一些为人父母的道理。我发现，当我们给孩子合理的尊重，并放慢脚步用不同的方式引导他们时，在爱心与包容中，孩子其实更愿意合作与"听话"。

蕾亚老师看似给予孩子很多的空间与弹性，少了一些"立规矩"的教导，然而当她用引导的方式请孩子把东西物归原位与乐器说再见时，孩子其实很乐意配合。原来，"规矩"的教导有很多种方式，也因孩子的年纪与个性而异。

阿雷人生中的第一张结业证书不只是给他，也是给我这个妈妈的。我们一起完成了一趟美妙的音乐旅行。在这场旅行中，他探索，我学习，他享受音乐的乐趣，我收获更多育儿哲理。

这样的一张证书，绝对是蕴涵生命意义的。

芬兰音乐游戏课与相关场景

过去的三四年间，我带阿雷上过几个不同组织举办的音乐游戏课。我发现课程的目标通常都是"为孩子创造美好的音乐体验以及与音乐之间的正向关系"，我选取了一些有特色的场景来分享：

以孩子的步调为出发点

一首简单的欢迎歌也会鼓励孩子体会自己的步调。同样是玩鼓，有的轻轻摸，有的重重敲，老师会根据每个孩子的不同节奏调整节拍、音量、速度。于是，每个幼儿都有机会当"即兴演奏的主角"，从自己的天性与感觉出发，自由自在地诠释欢迎歌，三个月以上的幼儿就自然而然地进入节奏与旋律的美好世界。

从复古童谣玩到民族乐器

老师常会准备多种乐器让孩子们自由选择，如手摇铃、木棒、小非洲鼓、小铁琴、单音木琴、三角铁、铃鼓、康特拉琴等。小小的康特拉琴有五根弦，其中三根弦下方会分别贴上草莓、蓝莓、覆盆子贴纸。当老师说"现在演奏草莓"时，朝着草莓贴纸按下去就对了。

"来，现在只有手摇铃发出声音，其他乐器要安静哦！"老师会借助这样的方式让大家学习轮流演奏与合奏。

"好，把乐器放回去啦！"小孩们最喜欢收东西了，马上兴冲冲地跑去把乐器放好。如果孩子年纪还小，老师就会拿个袋子走到他面前，请他把乐器放进去。

"可别小看这个动作哦，这也是教孩子学着放手，把自己喜欢的东西放回去或是给别人玩。"老师说。

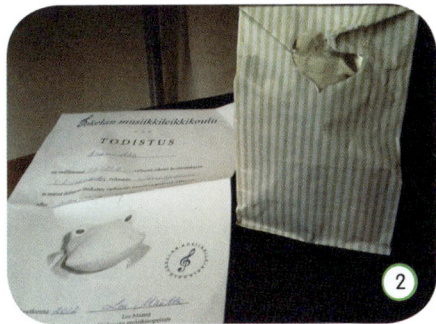

1 —— 音乐游戏课的老师准备各式各样的乐器给宝宝玩，包括民族乐器康特拉琴的迷你版

2 —— 阿雷的第一张证书和结业小礼物，他已经忍不住撕开一部分了

孩子需要安静与留白

孩子需要动的时刻也需要静的时刻。有时老师会将树叶、小汽车、羽毛放在地上，同时放一段音乐，什么也不做。"孩子们需要一些安静的时刻，自由探索。"老师这么告诉我。其中一位老师在课堂中播放了一段很美的古典音乐，并在教室中吹出大大小小的泡泡，让孩子在音乐中捕捉泡泡或是安静凝视。

要给孩子"安静与留白"的时光，这也是音乐游戏课教会我的事。

用音乐让孩子体会世界之大

课堂中有一首芬兰作曲家创作的歌，叫作《旅游歌》。歌曲中的孩子旅行环绕世界，歌词写道：

我旅行环绕世界，行李中只有面包和酸奶，如果一切顺利，我会交到新朋友。我来到了叫法国的国家，行李中只有面包和酸奶，我不用独自一人，因为我有新朋友。当我说päivää（芬兰文的'你好'），他回答bonjour（法文的'你好'）。

老师带着孩子和妈妈们，一人提一个小篮子当行李箱，所有人在教室中绕着圈圈旅行。法国、日本、俄国、德国、英国，让孩子听到用不同国家的语言说"你好"的方式，音乐就这样带领孩子与妈妈环游世界。芬兰人用这种方式让孩子从很小的时候就从音乐中感受到世界很大、语言很多。

鼓励三岁以上的幼儿独立自主

孩子到了三岁以上，音乐游戏课就变得更具系统性，同时鼓励孩子主动表达自己。

同样是欢迎歌，歌词变成"你想做什么动作，大男孩阿雷克西？"或是"大女孩薇拉？"从孩子的期望出发，决定这堂课将如何开始。

用动物主题系统化地结合音乐与肢体律动

课程中常会选定某种动物作为主题，一个主题持续探索三周才更换。

某一周的主题是松鼠。一开始，老师先展示松鼠的照片，带领孩子一起唱松鼠的童谣。接着，老师播放另一首松鼠主题的创作儿歌带孩子一起律动。然后，老师给小朋友一人一面小非洲鼓，当松鼠在树上跳来跳去时，手就从鼓面上快速滑过；当松鼠跑步时，手指就像弹琴似的叮叮咚咚敲；当松鼠跳跃时，就用手掌拍打鼓。让孩子用各种不同的方式玩鼓以模拟松鼠的不同动作。

让孩子聆听分辨不同节奏

老师边弹琴边对坐在椅子上的小朋友们说："听到这样的音乐时（手指在钢琴蹦蹦跳跳弹着）松鼠就要跑步哦！"然后她用手指从钢琴末端滑音下来："听到这个声音，松鼠就要从椅子上跳下来哦！"接着又换一种弹法："听到这个声音，松鼠要爬回椅子上坐好哦！"

还有一回，老师放了一首创作乐曲，有很快的八分音符，也有很慢的二分音符和介于中间的四分音符。配合着音乐，她给孩子们看五线谱却并没有教他们那是什么音符，只是同时带领他们改变走路的速度。孩子们边听音乐边走路，一会儿快得像小鸟，一会儿慢得像大熊。

我忍不住想，将来当这群孩子真的学习音符与节拍时一定是件很自然的事吧。可能自己都不知道，为什么自然而然就学会了呢。他们对音符与节拍的记忆早就在幼年时，随着视觉、听觉与律动自然地进入感官经验中，音乐的种子用最自然、好玩、适龄、潜移默化的方式散入了孩子们的心中。

育儿其实很有趣：
历史，原来可以用来"玩"

　　2012年11月初，赫尔辛基市中心的白教堂前广场，有一栋建筑被悄悄绑上了"礼物带"。这是城市最古老的石造建筑，它将在绑上礼物带的三周后开启，献给城市里最年轻的成员：儿童。而它的名字就叫作"孩子的城市"。

　　"孩子的城市"是赫尔辛基最新的博物馆，这里的"孩子"可以是小孩，也可以是成人。因为每个人的心里都住着一个小孩，每个人都能在此与童年相遇。

　　博物馆成立的背后也有一段故事。赫尔辛基市原本有两个与儿童和学校相关的博物馆，政府削减经费时，决定将两个合并为一个，并将两个位置偏远的博物馆精华移到市中心的新博物馆。构想虽好却缺乏经费，没想到一位长期支持博物馆的市民去世前将所有遗产捐给博物馆，于是"孩子的城市"才得以成立。

　　与大部分的博物馆最大的不同是这里所有的东西都可以触摸。大船上的沙包，象征着古代的船运物品与历史；船边的马车可让孩子们爬上爬下；地板采用软垫式的设计，因此不用怕孩子摔跤；马车边的老木屋可以找到古时鞋匠用的工具；古时的烘焙坊，让孩子触摸玩赏过去的食材与物品；小孩们好奇地拿起从前的羽毛笔写字，穿上祖父母当年常穿的白桦树皮鞋。

二楼的立柜摆着各种从前常见的交通工具模型，还有一个19世纪30年代的芬兰教室，桌椅摆设都让人回到从前。我看见小孩们在老桌椅间爬上爬下，而年过七旬的老人们则静静坐在教室中许久，缅怀他们的童年。

　　小孩们最喜欢的大概就是玩具屋了，十几个玩具屋让孩子们自由发挥想象力，不同形式的玩具屋也让孩子从中学习到从古到今不同的家庭用什么样的家具、住什么样的房舍。还有一个空间布置成19世纪70年代"奶奶的家"，一走进门就是个复古的客厅和厨房，墙上贴着："把这里当自己家一样！"许多老太太们一进门就惊呼："啊，这就是我小时候奶奶的家啊！"人们坐在沙发上看着黑白电视闲话家常，童年与一个城市的历史，在此自然地重现。

　　历史，原来可以用这么有趣又容易亲近的方式走入孩子的生活。体验爷爷奶奶的童年就可以玩一个下午。最好的游戏就在历史与生活里，这里也成为三代对话的空间。它让所有的人体会到：历史本就是生活的一部分，从来就不遥远。

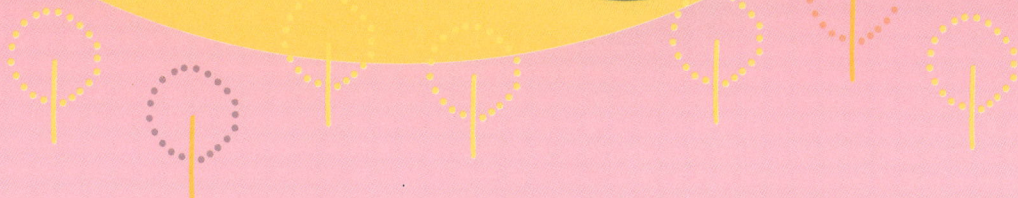

从一本经典宝宝诗歌集说起

婴儿是诗。孩子的身上，跳着诗的脉搏，他将世界吸进去，再将世界呼出来。他还在母亲的子宫里时，已经成为诗的朋友，在心跳的节奏中，在呼吸的气息中，在母亲的律动中。诗是他存在的一部分。

——取自芬兰经典宝宝诗歌集《宝宝的磅秤》（Vauvan Vaaka）序文

《宝宝的磅秤》是一本芬兰诗集，在1995年出版后大受好评。于是，从诗中诞生音乐，又从音乐中诞生律动，重新出版为一本结合音乐与律动的诗歌集。书中可以找到二十几首原创诗谣的五线谱、歌词和可以带宝宝做的律动与舞蹈，这本书也可以说是芬兰宝宝诗歌音乐的经典作品。

宝宝律动儿歌之类的出版品各国都有，然而这本小册子从一开始就让我感受到些许不同。也许是因为书中有一份从婴儿角度出发的温柔。

经典，从体贴幼儿出发

宝宝有一个秤

他用秤来衡量想做什么

以及不要做什么

一个杯子里有星星

另一个杯子里有月亮

当你开始探索这个世界

一切都会好。

这里的秤指的是宝宝心里的无形秤。一首小诗让人看见诗人体贴宝宝的心。诗人带领我们用宝宝天生的节奏来看世界，展开书页，所有的声音、动作、音乐都在建构宝宝的感官环境、塑造宝宝与世界的关系，并鼓励家长配合诗歌音乐跟宝宝一起游戏、律动、跳舞。

同一首歌曲的节奏常有快有慢，让宝宝体验不同的速度、配合不同的肢体律动；可以把宝宝抱在怀里跳也可以让他溜滑梯；可以按摩宝宝也可以舞动宝宝的四肢；宝宝喜欢被摇晃的感觉，其中一首歌就建议把宝宝放在床单上像吊床一样摇晃；也可以用丝巾跟宝宝玩捉迷藏或边唱歌边按摩宝宝的小手指和脚趾头，书中每一页的插图都让人会心一笑。

经典背后是儿童艺术界的精英

就是这扉页间透露的温柔让我深深惊艳，仔细看才发现，原来这本书的作者、绘者与作曲者，全部都是芬兰儿童艺术界的精英。

诗的作者Hannele Huovi与绘者Kristiina Louhi，常一起创作脍炙人口的儿童绘本；而西贝柳斯音乐学院音乐教育系的教授索莉·贝琪则常为这些美丽的诗文创作音乐。三位芬兰儿童文学艺术界的重量级人物，都分别得过芬兰政府颁发给推动儿童艺术文化杰出人士的国家奖项。

《宝宝的磅秤》非常受家长和老师们的喜爱，我常在孩子的音乐游戏课或运动游戏课上听见老师使用书中的诗歌引领孩子活动，由此也诞生许多场亲子音乐会。

书中的诗句有的充满童趣、有的蕴含民族智慧，音乐有的活泼生动、有的温柔沉静，好听到连我这个成人也忍不住一直哼唱。康特拉古琴常被使用在音乐中，地方民谣也悄悄融合在某些曲目里。我甚至在听得过瘾之时，忍不住跑去把束之高阁多年的小提琴拿出来，一边听音乐，一边拉着小提琴跳舞，小孩也乐得跟着我又跳又笑。

一本美好的音乐诗歌创作书，既提供宝宝丰富的音乐体验，也刺激我这个成人的音乐细胞。

父母的声音是全世界最美的声音

读着这本书的序，也让人看见作者们如何用心地引领父母温柔地进入宝宝的世界：

宝宝出生之后，他马上拥有了第一个母语，那是围绕他的声音环境，最中心的部分是母亲与父亲的谈话、歌声、声音的颜色、节奏和这一切所创造的感觉。宝宝喜欢凝视光线、颜色和大块形状。他敏锐地聆听身边的一切……他也感觉着自己如何被触摸、如何被摇动、如何被拥抱着飞翔。他喜爱感官体验以及节奏……宝宝的笑容是一个邀请，邀请你与他同乐。跟你的宝宝一起唱歌、游戏、跳舞、读诗、说故事吧！因为你的声音对宝宝来说是全世界最重要、也最美的声音。

坚持给宝宝最好的声音，并温柔地从宝宝的角度出发。这让一本幼儿音乐诗歌集成为经典。

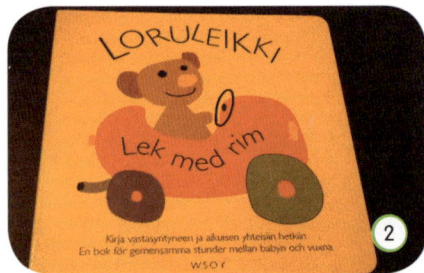

1——幼儿运动课的结尾，老师播放《宝宝的磅秤》里的歌谣，让运动过后的孩子在家长怀中享受安静
2——政府送的韵文本

音乐与诗歌本来就该是幼儿生活的一部分

而这样美丽温柔又实用的儿童音乐诗歌集，竟只是芬兰幼儿音乐的其中一例！在芬兰，有好多给孩子创作儿歌童谣的音乐团体，每一年芬兰全国音乐奖项，都会选出当年最佳的幼儿音乐创作专辑。

在这里，音乐不是有钱人的专利，也跟是否学乐器没有绝对关系。音乐诗歌绘本只是单纯地努力用音乐提供给孩子美好的体验。音乐原本就该是一件美好的事，歌谣原本就该是幼儿生活的一部分。书是工具、音乐是媒介，然而最重要的是家长有没有耐心对孩子唱几首歌，陪着孩子念几首诗歌，我们的古典诗词中一样充满无尽宝藏。

从宝宝的角度出发，用诗歌陪伴他长大吧。让孩子被这样温柔的爱与善意围绕。作为家长的我们，只需要学着慢下来，放下目的心，抱起孩子重新感受音乐带来的简单快乐，这对宝宝来说就是最美的抚慰与陪伴，生命的爱与能量也将在这样的时光中，一点一滴地储存、生根。

育儿其实很有趣：
没有坏天气！下雨天，照样出去玩！

十一月某个早晨，天色昏暗，下着大雨。我原以为幼儿园会取消每周一固定的森林之旅，没想到老师们却说："今天下雨，正好带孩子去森林里听雨的声音！"

就这样，二十几个3～6岁的孩子，穿上层层保暖衣物和雨衣雨裤后就跑去森林里尽兴地玩雨、听雨一小时。去接孩子时，老师告诉我们："孩子们很享受森林里的雨声，雨中的森林和平常不一样，而且都穿上了连身保暖外套和雨衣、雨裤、雨帽。"老师强调。

这让我回想起几年前在芬兰小镇工作时的经历。有一次，我满心期待参加"员工森林之旅"，结果那天下大雨加上秋日低温，让我打消了去森林的念头，没想到大部分的同事竟然都照原定计划参加，他们说："没有坏天气，只有不够适当的衣服。"其中一位孩子正在念小学的同事还补充说："平常带小孩参加活动也一样，只要准备好适当的衣物，什么天气都可以去！"原来，这就是北国人应对四季变化的生活哲学。

雨天是否一定能外出游玩，据我观察还是会依状况而定。有时遇到狂风暴雨，幼儿园也会视情况调整户外活动时间。大体而言，当衣物装备充足时，人们似乎愿意拥抱不一样的自然体验。虽然北国四季气候相差很大，如何调整穿着成了生存的必要智慧，但是无论在何处，想法转个弯，态度就不同。

我想起在台北念高中时，有一次班级旅游前，同学们问起万一下雨怎么办？班主任非常有智慧地说："下雨有什么关系，雨天有雨天的玩法啊！"这句话，莫名地留在我心里。现在，我看到了这句话的具体实践。晴天、雨天、冰雪天都好玩，四季各有各的玩法。

我们常从幼儿园接回穿着雨衣、雨鞋沾满泥巴的小孩。在不同的季节与天候都能户外活动，也许就是北国人自然生活的一部分吧！

孩子的第一场音乐会

2013年3月的一天，我带阿雷去参加他人生中的第一场古典音乐会。地点在赫尔辛基最好的音乐厅，来参加音乐会的都是4~7岁的小朋友，而这一场音乐会，竟然完全免费。

阿雷此时不到两岁半，能参加这场音乐会是缘分使然。因为音乐会的主办人菲优娜的孩子跟阿雷正好上同一个音乐游戏课，才邀我们一同参加。

免费给学龄前幼儿的交响乐音乐会

这个2011年启用的音乐中心是赫尔辛基目前最好的音乐厅，没想到孩子的第一次竟然也是我的第一次。托儿子的福，我甚至跟着一起"免费"。

三月初的芬兰，阳光灿烂却仍满地白雪，然而初春的峭寒挡不住大家欣赏音乐会的热情。上午十点钟，只见一群又一群的幼儿园孩子在老师的带领下鱼贯进入音乐厅。我与朋友也带着孩子在朝阳的迎接下满心欢喜地等待这个美好的体验。当我看到穿着便服的芬兰国家广播交响乐团团员在表演前起身向小观众们微笑敬礼时，打从心底感动起来。

音乐会开始了，大孩子们大都乖乖坐着听，阿雷大概因为年纪确实小了一点，一开始忍不住玩起椅子来，还好没有干扰他人欣赏。长达45分钟的音乐会中有动物角色的演出。"动物"一出场，阿雷马上被吸引住。故事讲的是一只兔子在森林里玩耍时，突然出现一只狐狸想吃兔子，兔子建议和狐狸一起做面包，这样大家就都有东西吃了，于是它们化敌为友。没想到在等待面包完成的期间，竟然来了一只大熊把它们的面包拿走了。接着就是兔子和狐狸如何拿回面包并与大熊成为朋友的故事。

为孩子寻找进入音乐的方式

整场音乐会其实也是个音乐剧，乐团用不同的音乐手法来呼应剧情，时而轻快活泼，时而充满张力，时而带着淡淡失落。孩子们在观看动物角色演出的同时，音乐情境也不知不觉地融入感官里。动物角色们常在彼此的交谈以及与孩子的互动中不着痕迹地"介绍"管弦乐团的乐器。每一种乐器，都呼应了孩子生活中的感官体验。

兔子说森林里常常听到鸟叫声，就有乐器模仿鸟叫声；兔子也说有的乐器就像天上的星星一样闪亮（铜管乐器），而天上的星星就像此时此刻正好布满在音乐厅天花板上的小银灯。

整场演出也在情节中不断引导孩子们投入。一开始，兔子在音乐轻快的节奏中跳来跳去，接着，狐狸跑出来想吃兔子，兔子赶快说："不要吃我啊，我们一起做好吃的面包如何？"它们拿了一个盆子，加面粉、加盐、加水搅拌，每加一样东西，就带着台下的小朋友一起做动作。当剧中的大熊拿走面包，兔子和狐狸找不到面包时，孩子们纷纷指着在角落啃面包的大熊喊着："在那里、在那里啊！"当兔子和狐狸思索着可以用什么东西引开熊时，台下的孩子们都喊着："蜂蜜！蜂蜜啊！"孩子们自然参与着剧情，剧情也随着音乐起伏。

这样的音乐会让我体验到原来学龄前的幼儿就有能力和成人欣赏同样等级的音乐，只要我们愿意调整并寻找适合他们融入的方式。

给孩子尊重、理解、接纳

音乐会结束后，我们在厅外遇见主办人菲优娜。我好奇地问她如何组织这么一场别开生面的音乐剧，她告诉我："先从管弦乐团第二天要正式演出的曲目中挑出特定的段落来搭配音乐剧，然后利用乐团公开排练的时段提供给孩子音乐的体验。"事前竟连合作彩排都没有，音乐家们靠着对彼此的信任与音乐专业素养来演出。

菲优娜主动关心阿雷是否享受音乐会。我说："他刚开始都在玩椅子，看到动物角色出来后才被吸引住！""这很正常啊，他年纪还小！"菲优娜笑着说。在音乐会开始前，我一直担心万一小孩们在音乐会上吵闹该怎么办，结果一切都井然有序地结束了，我的担心是杞人忧天。但菲优娜一开始就告诉我："这是场给孩子的音乐会，孩子偶尔叽叽喳喳，随着音乐的进行而有各种反应都是正常的。我们不建议很小的婴儿来参加，并不是怕他吵闹，而是因为有些曲目中间会有突发的乐器声响，怕把他们吓哭。"

原来，我的担心都是多余的。音乐会的出发点是孩子，主办人对于来听音乐会的孩子与带孩子来的家长有着基本的信任，同时对孩子的天性有着包容的弹性。这是对人的信任与尊重。

音乐会的成功来自主办人的热情

组织活动的菲优娜是专业音乐工作者，她同时也是音乐会主办组织VERSO的负责人。VERSO是地方上的非营利音乐文化中心，经费一部分来自国家广播交响乐团，另一部分来自政府部门的补助。身在其中的人都是义务性付出，宗旨是用多样化的音乐将美好生活感受带给不同年纪的人。这也是这场音乐会的起源。

从2010年开始至今，VERSO与国家广播交响乐团合作，连续四年免费给孩子们提供音乐会。这个来自个人与组织落实善意的创意行动，让人看见国家与民间组织的合作，可以发挥多大的力量。而身在其中的孩子（与陪伴而来的成人）是多么幸福。我好奇地问菲优娜做这些事的动机，她笑着回答我："这是我的嗜好！"

这次音乐会的经历我再一次看到芬兰社会的重要力量，那是一份来自于心的理想与热情。很多事情的初衷都很单纯：去做让你有热情的事，并找到志同道合的人一起行动，世界，就会因此而不同。

1 —— 零下温度的三月天，老师家长们带着孩子一起来听古典音乐会

2 —— 二岁五个月大的阿雷，等待音乐厅的飨宴开始

3 —— 音乐会就要开场，孩子们兴奋地等待着

4 —— 音乐剧一景

摇滚与饶舌原来都可以是儿童音乐

一个阴天的早晨，我带阿雷到附近的城市家庭中心聆听一场免费的儿童音乐会。游乐公园里围坐着两百多位孩子与家长，气氛热络。原本我以为只是来"听"一个乐团演奏，体验一下芬兰的儿童音乐。没想到，音乐会竟然带给我一份文化上的震撼与感动。

只见几个大男人站上舞台，我以为他们会演奏耳熟能详的童谣，没想到从他们手上的吉他、萨克斯、鼓中流泻出来的音乐，没有一首是我印象中的儿歌，全都是自创的音乐而且乐风多样，从流行到摇滚再到民谣，连大家熟知的小红帽与大灰狼的故事都被改编成有着悠扬背景旋律的饶舌歌！

这是我第一次带孩子参加免费的户外音乐会，也是第一次发现原来摇滚、饶舌都可以是幼儿音乐。

音乐塑造孩子对生活乐观的态度

现场的孩子们毫无偏见地热情拥抱各种音乐体验，随着不同的曲风欢乐跳跃。歌词里讲的都是孩子生活中可能遇见的大小事，可能是一双球鞋，也可能是到湖边玩水不小心掉下去还被鱼咬一口的糗事。但"无论生活中发生好事坏事，最后一切都会很好！"，其中一首名为"生活一直在改变"的歌词如是说。这样的歌词，我相信也随着音乐一起潜移默化地塑造孩子正面、积极、乐观的价值观。

来访的乐团名为Orffit，曲风多样，主题也很生活化。聆听他们的音乐最让我惊讶的是这些歌与我习惯听的"儿歌童谣"完全不同！有些就像流行歌曲一样，只是歌词更从孩子的生活体验出发，充满幽默感，而且音乐调性大都明亮活泼，哪怕听不懂歌词，光听音乐也让人有好心情。

回家后我好奇地上网查询，原来在芬兰有很多类似这样专门给儿童演奏音乐的乐团，全都是由音乐爱好者组成，并在各处为儿童表演。

让孩子对音乐有参与感

过了半年，我再次带阿雷来听免费露天音乐会。这似乎已成为城市家庭中心的传统活动，每年至少举办两场，每次都能吸引几百位家长和幼儿园老师带着学前幼儿前来享受。

这次来演唱的乐团名为Haapposet，听说他们最擅长与现场小朋友互动，并将互动内容带入音乐表演中，结果名不虚传。Haapposet从头到尾都与小朋友互动并因此产生部分词曲内容！有一首歌叫"空气游泳学校"，顾名思义就是没有游泳池、没有水的"空气游泳"教学，台上的乐团成员要小朋友配合旋律，选择自己最喜欢的泳姿，各式泳姿就伴着歌声在现场摇摆；唱到动物相关的歌时，演唱者问小朋友喜欢什么动物，大家抢着举手回答，演唱者就把动物名称套进歌词，并加上动物的动作；还有一首歌直接邀请两个小朋友上台，一人拿一个乐器，在歌曲中打节拍。一场美好热络的音乐会，就在几百名家长和孩子的掌声中落幕。

从小就可以体验不同国家的音乐风情

还有一回，正好有西班牙的儿童乐团来访，家庭中心就安排了两三场音乐会让孩子感受西班牙的儿童音乐风情，乐手还带了西班牙传统玩具配合音乐展示给孩子看。我抱着阿雷一起欣赏了两场演出，觉得孩子能在小时候就体验来自不同国家的音乐风格真是幸福！在音乐中，语言不是隔阂，儿童音乐带来世界的各种风貌而且听起来比我从小听到大的儿歌要丰富宽广许多。

我开始体会到音乐不只是好听的旋律和有趣的词曲，还是一种无形的力量，可以潜移默化地让孩子有更开放的心灵和正向的生命体验。

给孩子的音乐没有任何界限

2013年芬兰本地的音乐奖艾玛奖（Emma）给儿童乐团Orffit颁发了荣誉奖，评审是这么说的：

给孩子的音乐是给未来的音乐，孩子作为听众将耳朵完全打开接受一切，没有任何成见。因此孩子值得拥有用勇气创作出的音乐，这样的音乐，没有任何限制与界线。

从此，我也常提醒自己带孩子接触音乐时，大人也可以用更宽广的心态去聆听。不用设限，不用有目的，只单纯地和孩子一起多元化地接触音乐，打开心胸体验各种形态的音乐，鼓励孩子自由参与，这样就会得到音乐带来的生命礼物。

西班牙乐团来到城市家庭中心给孩子们表演

将儿童音乐会带到芬兰的大城小镇

这两三年，我带着阿雷欣赏免费又多元的儿童音乐会之余，也常在心中好奇着：这么密集的儿童音乐会网络到底是如何组织的呢？直到有一次带阿雷参加音乐活动时我才发现原来芬兰有专门安排音乐会给全国儿童与幼儿欣赏的非营利组织，名叫"芬兰音乐会中心"，而这组织甚至已有五十年的历史。

从1963年起，芬兰政府、音乐教育组织与相关人士共同成立"音乐会中心"，目的在于将音乐会的艺术体验带到芬兰大城小镇的学校与幼儿园。这个组织的运作与存在让一些从未有过现场音乐会的城镇也得以让孩童享受音乐会。他们每年平均安排1200～1700场音乐会，参与的孩童高达20万人。每年由六位成员组成的节目筹备小组会为隔年的节目中选出大约40个包含各种音乐形式的表演乐团，再由专业的制作人与每个乐团共同开发节目内容，创造出多元化又适合孩童的音乐会曲目表。

孩子的音乐会要有最高的品质

"我们的音乐制作人会要求每个乐团试演节目并给予建议，因为我们要确保给孩子的音乐会拥有最高的质量。"音乐会中心CEO卡里·瓦泽这么告诉我。

我很好奇到底什么样的儿童音乐会才是"高质量的音乐会"呢？他们是这么定义的："我们要让孩子们可以接触多元化的音乐表现形式，同时提供他们艺术体验。学校音乐会要能激励人心、启发思考，内容可以有不同的形式，提供新的资讯。然而最重要的是要让孩子接触现场音乐表演，音乐的时期、风格和类型都不需要画地自限。同时，我们也要求音乐家们要做到带给孩子们正向的生活体验和新鲜的点子。这一切都被具体写下，挂在'音乐会中心'的墙上。"

打开节目手册，真的是包罗万象。古典、民谣、爵士、创新童谣、流行样样都有，最多的是跨界的音乐。我这才明白，为什么在人口不过四万的小城市里，我们也得以欣赏多场免费的音乐会，原来早在五十年前，芬兰人已经试着让音乐成为孩童生活体验的一部分。

透过音乐让不同的文化被听见

芬兰人重视的不只是音乐艺术性的价值，也包括它社会性的目的。

音乐会中心CEO卡里·瓦泽就曾在1995年的年度报告中明确指出："芬兰绝对需要多元文化的音乐教育，音乐影响人的立场和看世界的角度，当孩子与来自不同文化的音乐家相遇，共同演奏、歌唱、跳舞时，将会产生正向的对话与氛围。根据研究，通过这样的方式，孩子面对不同文化的偏见会减少，这远比单纯知性性的教导有效得多。"

这样的话语让我很感动，因为我看见一个音乐组织在面对社会不同文化的碰撞时所带有的使命感。

从这个角度出发的思考也落实在音乐会的实践上。1995年，音乐会中心与"西贝柳斯音乐学院"和"世界音乐中心"合作，用为期两年的实验项目将来自不同文化的音乐都收进节目中。于是孩子们得以在学校听见来自芬兰北部萨米原住民、罗马尼亚、印度尼西亚、非洲、希腊、法国、越南等地的音乐。

如今已有好几个组织持续提倡传播来自不同文化的音乐体验，让孩子与成人得以免费或是以少许费用亲近来自不同文化的艺术形式。

将音乐会带进全芬兰每个学校

尽管将音乐会带进大城小镇的理念很好，但是具体上该如何实践，经费又该由谁支出呢？卡里告诉我，2008年，他们申请了一个名叫"将音乐会带进全芬兰每一个学校"的项目，大部分的经费由芬兰教育文化部支出，目的是帮助地方上的城镇用少许预算让学生们欣赏高质量的音乐会。在实验性的阶段，地方城镇只需要为每个学生支付1.25欧元就可以将音乐会带到地方上的每个学校。这个实验项目的模式很成功，甚至曾在2012年得到芬兰国家奖项的肯定。

"让全芬兰的每个学校每年都能至少听一场音乐会，为什么那么重要？"我问。

"对很多孩子来说，学校音乐会是他们可以与音乐家面对面感受现场音乐的唯一机会。现场音乐飨宴永远无法完全被网络或录音取代。"这样的行动也同时将文化体验带到芬兰各个角落，实现区域平等的精神。

2012年，594场音乐会就在这个项目推动下成功举办，超过八万四千名学生免费在学校里聆听现场音乐会。

"要让全芬兰的每个学校一年至少有一场音乐会，可得要举办四千场音乐会呢，看来目前还离目标相当遥远。"我说。

"没错，所以我们还要继续努力，这取决于政府可以提供多少资源，我们很有信心。过去几十年来的努力已经得到许多肯定，我们也一直用很少的资源达成很多成果。"卡里这么说。

只要努力，传统就可以复兴

同时他们也继续延伸更多的新实验，比如让老年人与孩子通过音乐交流、鼓励孩子在学校多唱歌、举办以芬兰经典诗歌为灵感的儿童音乐创作比赛，让古诗歌离孩子不再遥远。

"这么多类型的节目，哪一个最受学校的欢迎呢？"我好奇地问。

"这个！"卡里毫不犹豫地翻到节目手册上的一页："西贝柳斯音乐飨宴"。啊？古典音乐？我非常吃惊。因为我以为最受欢迎的儿童音乐应该是流行、童谣、民族音乐之类。

　　"因为这位音乐家的现场音乐会真的很棒，曾经有一段时间，西贝柳斯离孩子的生活很遥远，孩子甚至不知道西贝柳斯是谁，也没机会听到古典音乐。但是音乐家将西贝柳斯的作品重新诠译，用容易亲近的方式带进音乐会，边演奏边为孩子讲述西贝柳斯的故事，孩子专注地沉浸在故事的欢喜与悲伤中。如今西贝柳斯音乐飨宴已成为最受欢迎的节目！"芬兰似乎总有办法将逐渐远离孩子的重要传统重新带进生活，甚至让它重新"流行"。

　　音乐会中心也与"卡雷瓦拉推广协会"合作，举办以芬兰经典诗歌卡雷瓦拉为灵感的音乐竞赛，最后得奖的三个作品都被纳入音乐会中心的表演曲目中。传统的诗歌文学以音乐为媒介，离孩子的世界更近了一步。

　　深入了解一个音乐组织在芬兰的运作再次让我明白：只要有心、有热情，通过群策群力的网络合作，没有什么不可能的事。资源永远不会完全足够，只要开始做就对了。每个人都在自己的位置上，为儿童、为音乐尽一些心力，路，就这么走下去了。

❶ ——城市家庭中心的户外音乐会总是吸引幼儿园和家长带着小朋友们来
欣赏，音乐会的背后是音乐会中心整个系统运作的一环

❷ ——户外音乐会一景

③ ——捉迷藏森林音乐剧，用另一种形式和故事在家庭中心的户外演出

④ ——小朋友们跟着手舞足蹈

孩子的音乐节主题竟然是"蓝调"

夏日早晨十点多，距离赫尔辛基市约40公里远的亚尔文帕市中心湖岸边的步行街上正聚集了许多家长与孩子。家长们推着推车、抱着孩子坐在露天音乐台前的长椅上，聆听台上的乐团演奏活泼轻快的蓝调音乐，那是给孩子的音乐。北国夏日温暖的阳光照在每个孩子与家长的脸上，一些孩子跑到台前的地上翻滚嬉戏。

这是芬兰最大的蓝调音乐节"公园蓝调音乐节"，同时也是欧洲最重要的蓝调节之一。1978年公园蓝调音乐节第一次举行，至今为止不少国际知名的蓝调音乐家都曾造访，如B.B.King、John Lee Hooker等。

公园蓝调不仅是芬兰规模最大的蓝调音乐节，还有两个值得一提的特色。首先，几十年来这个节日完全由义工组织举办。此外，从1981年起，"儿童蓝调"就已经成为节庆的传统，强调"蓝调音乐不是大人专属，小孩也可以有自己的蓝调音乐！"

每年的这个时候，城市的步行街就会变身为"蓝调街"，连续3天定时有乐团免费演奏音乐给孩子听，还有舞蹈和魔术表演以及各种画画工作坊让孩子们自由欣赏、参与。

蓝调街上的水彩初体验

搬到这个城市的第三个年头，我好奇地带着阿雷去蓝调街上凑热闹，看到街旁有"水彩画工作坊"，就兴致勃勃地让他加入。现场的长桌上有许多水彩颜料、水杯、画笔、干净的画纸让孩子们自由使用。阿雷在这之前从没画过水彩画，他好奇地拿起画笔在水里乱搅，各种颜料都涂几下混在一起，接着在纸上画了起来，他像是在画油画一样，一层又一层地不断重复已经画过的部位，同时不停地沾水，涂过来又涂过去。阿雷专注地享受着与水彩的第一次接触，好几位工作人员则不断地帮孩子们换新的水杯，将完成的画挂到绳子上晾干，并在桌上铺好新的画纸等待下一个孩子前来画画。

突然之间，"哗"的一声，阿雷不小心打翻了桌上的水杯，水往对面的桌子流去，差点洒到对面小哥哥的画上，还好小哥哥反应快，赶紧移开。我连忙找纸来擦拭，向对方道歉，还好对面的小哥哥没有责怪也没有抱怨，移到旁边去继续他的画作。大家对一个两岁小孩的"无心之过"都自然地包容了下来。最后，阿雷的画完成了，那是一张用黄、绿、黑等颜色涂得又厚又黑的抽象画，我帮他写上自己的名字，然后挂到绳子上迎风舞动，等待晾干。

在等待水彩风干的时间里，我带他去图书馆晃了一圈，吃点东西再回来取画，这才发现，他的画竟然不见了！不知是否绳子不够挂或是被别的孩子不小心取走了呢？既然不见了就再画一次吧！眼前当然早已摆好干净的白纸，阿雷继续玩起他的抽象画。我对来整理桌面的义工说："之前挂在绳上的画不见了，所以我们再画一次。"他告诉我："绳上的画干了以后，我们会先把它们收到角落的箱子里，待家长和孩子回来领取，你们可以去找找看哦！"我和阿雷一听，赶快跑去翻箱子，果然马上找到他人生中第一张水彩画！母子两个兴高采烈地带着两张水彩画回家，也从心底感谢这些义工，因为有他们的无私付出，我们才有这么美好的体验。

我想芬兰之所以成为今天的芬兰，是一群又一群愿意无私为心中的理想、为社会的美好而付出的人造就而成的。

① —— 作画中的阿雷，第二次来儿童蓝调街玩，这次尝试的是亚克力颜料

② —— 儿童蓝调现场，小丑正在给孩子们表演

③ —— 免费的绘画工作坊进行时

④——晾干后的作品聚集在这里，等家长和孩子回来领取

⑤——阿雷的作品正在晾干中

⑥——为孩子们表演的乐团

⑦——蓝调步行街一景

义工精神来自芬兰传统文化

远在农家时代"义工精神"就是芬兰传统的一部分。当年若有人在农务或建屋上需要帮助，总是广邀邻居们义务帮忙，而主人家则在工作完成后，提供食物感谢大家的帮助。

如今，义工精神仍然存在于社会之中，许多城市中有趣的新兴创意活动都由市民发起。大家义务组织起来，一起努力以实现心中的理想，而报酬就是大家的生活都更有趣、更美好。

公园蓝调音乐节就是如此。它的创建灵感源自一群住在亚尔文帕市的音乐爱好者。1977年，这些音乐爱好者聚在一起思考该如何让城市更有音乐活力，他们决定共同成立一个推广地方音乐的组织，并且在隔年开始号召义工同心协力举办音乐会。从1978年至今，每年大约有五六百名义工志愿者前来组织蓝调音乐节。正是这种"义工精神"让长达30余年的节庆传统成为可能，也让公园蓝调节成为芬兰唯一完全由义工组织的国际规模节庆。如今公园蓝调音乐节已是芬兰第五大音乐节庆，2011年总计约有11.9万人参与其中，要知道这个小城市的人口还不到4万人呢！义工让小城市拥有芬兰最著名的蓝调节也让蓝调步行街成为几十年来延续不断的传统，更让孩子在一个重要的音乐节里成为主角。

我边推车带孩子回家边想着，这个社会有许多义工和非营利组织在各领域创造美好的事物提供给孩子。在这样的环境与精神下孕育长大的孩子，将来应该也会自然而然地将传统的"义工精神"内化为自己的一部分吧。

在享受了美好的音乐节后，我在心里轻轻对孩子说，等你长大了也要像他们一样无私地为心中的美好付出一些什么哦！因为，这将会是一代传给一代最美的精神礼物。

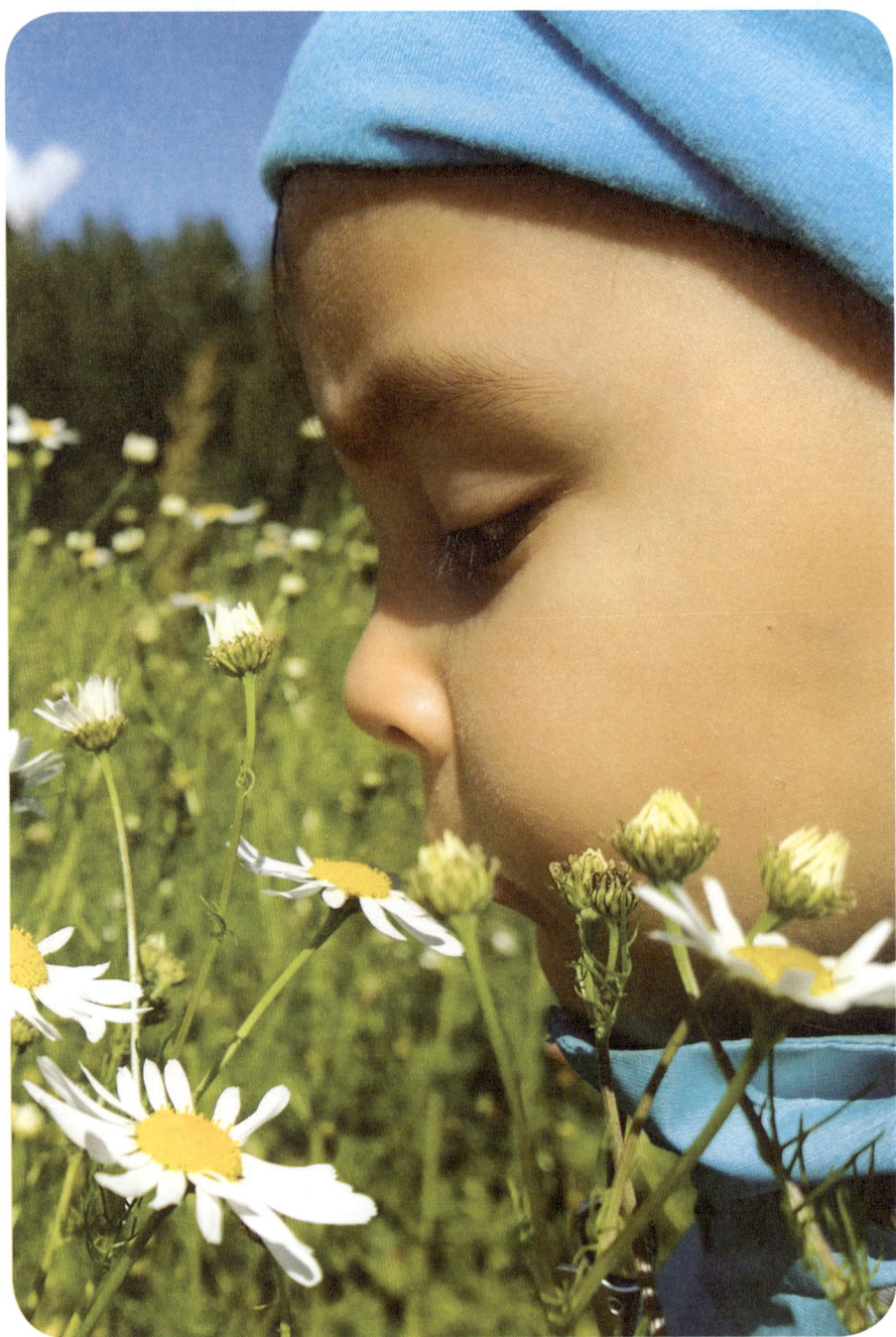

芬兰创举：让交响乐团陪婴幼儿一起成长

交响乐团给婴幼儿演奏音乐也许不稀奇，然而芬兰首都赫尔辛基市立交响乐团（HKO）竟有这样的创举：连续七年，一百多位团员作为婴幼儿的教父和教母，每年固定举办两场音乐会，并完全依照孩子当时的年龄来设计音乐与活动内容，而且完全免费！这样的创举实在太特别，而我也有幸观摩到其中一场。

那天，正好由缩小编制的赫尔辛基市立交响乐团成员为四岁以下的婴幼儿演奏。小小的演奏厅里大约有70～100位参与者。父母带着幼儿们围着室内乐团坐成一圈。前15分钟，主持人用玩偶、围巾和道具配合音乐吸引幼儿跟着不同风格的歌曲摇摆，后15分钟，主持人邀大家站起来绕着乐团边走边唱，并且随时停下来欣赏不同的乐器。30分钟的婴幼儿音乐缤宴，充满欢笑与互动。我忍不住与项目秘书安妮卡·可依芙拉相约，想要了解这个创意项目背后的故事。

赫尔辛基献给城市婴儿的庆生点子

原来一切要从2000年说起。

当时，赫尔辛基市正逢建城450周年庆典，一向重视幼儿音乐教育的市立交响乐团经理想出这个点子，在音乐教育专家与音乐人的集思广益之后，长达七年的名为"赫尔辛基市立交响乐团的教子女专案"（HKO Godchildren）庆祝项目就此成立。所有在2000年出生的赫尔辛基婴儿都收到城市的邀请，报名参加的家庭还会收到一张由芬兰著名指挥家和市立交响乐团联合录制的古典音乐精选辑作为欢迎礼。其中专门收录了带有故事性并适合幼儿聆听的古典乐曲。当年这个创举共吸引了4500个赫市家庭加入，也就是说，当年出生的孩子有75%选择了加入这个项目。

2012年，为了庆祝赫尔辛基城市立交响乐团成立满130周年，项目再度重生。邀请所有在这年诞生于赫尔辛基的婴儿参与，从2012到2019年，市立交响乐团将一路陪伴他们长大。每年春天与秋天各有一场音乐会，选曲与内容完全依照孩子当时的年龄设计，除了市立交响乐团成员外，还有一位现场"音乐向导"：莎杜（Satu）。莎杜会拿着可爱的玩具小熊和康特拉琴，用民谣、儿歌、律动、游戏和古典音乐串起一整段音乐飨宴。因此，音乐会也称为"玩具熊音乐会"。对婴幼儿而言，七年来邀请他们参加音乐会的就是可爱的小熊玩偶。

将音乐会带进城市每个角落

为了鼓励家长们带孩子来参加，项目试着降低所有阻碍。例如与遍布全市的"妈妈宝宝健康中心"合作广发信息，让家长能方便预订音乐会场次，并在离家最近的便利商店取票；与各地区教会组织或文化中心合作，将头一年的音乐会带到城市各个角落，方便家有新生儿的家长参与。如此一来，家长们因为彼此住得近，几次音乐会过后，甚至自然而然形成育儿支持网络。

音乐会跟着婴幼儿一起成长

第一年音乐会以"室内乐"方式进行，每一场只邀请25个家庭参与。到了第二年，孩子可以欣赏管弦乐团的演出，一次可邀请70个家庭。同样内容的音乐会在每一季不断重复，小规模地提供给所有参与者。光是2014年春天就举办了32场音乐会，每一场都有70个家庭参与。

头一年的音乐会常见妈妈与宝宝们坐在地毯的中间被小编制的管弦乐团围绕，像是有一群音乐教父教母，用音乐将宝宝们温暖包围。因为是给婴幼儿的音乐会，所以家长们可以随时到后排去安抚孩子、喂奶、换尿布或者暂时离开，音乐会甚至欢迎家长带祖父母和教父教母一起参加，因为这是个给"全家人"的音乐飨宴。

音乐会与工作坊系统性地针对不同年龄孩子的需求而设计，所以七年间每一年的内容都不一样。随着宝宝的成长，音乐会的时间也逐渐拉长，第一年30分钟，第二年32分钟，接着35分钟、40分钟、45分钟，逐渐增加。"孩子的专心度与成人不同，以两岁大的孩子来说，真正能完全专心听音乐的时间大约是三分钟，因此也需要加入其他活动。"安妮卡说。

通常，每一年或每一季会介绍一种独奏乐器，从低音管、大提琴、长笛、竖琴、到竖笛等，独奏者会选择既平易近人又能显现该乐器特质的曲目。到了第三年，孩子会有机会操作或触碰特定的乐器。通常会让他们先尝试打击乐，偶尔也提供专门给幼儿尝试的小提琴。

音乐会有时也邀请作曲家、指挥家、戏剧表演工作者、舞者来参与。每一场音乐会，大约有二十位管弦乐团的团员为孩童演出。"他们都有很强的动机，为孩子演出跟为成人演出不同，有的音乐家反而会更紧张，因此特别努力练习呢！"安妮卡笑着说。"给婴幼儿的音乐，在质量上的要求必须更高，因为孩子必须拥有最高质量的音乐飨宴！"

一半以上参加项目的孩子真的爱上了音乐

这个独具创意的音乐项目甚至引起国际音乐界的好奇，光是2014年春天就有至少两个不同国家的管弦乐团主动联系赫尔辛基市立交响乐团，希望能将这一整套创新系统带回他们的国家实施。而我好奇的则是长达七年的音乐教子女项目对孩子是否产生任何实际的影响。

"有的！我们曾经做过调查，当年参与第一个项目的孩子到了十岁时，一半以上的人嗜好都在某种程度上与音乐相关（例如舞蹈、戏剧等）。在芬兰，十岁正好是可以申请音乐班的时机，那一年赫尔辛基的教育机关甚至特地来电询问：你们的音乐教子女项目到底对这群孩子做了些什么？从来没有任何一年，有这么多的孩子想申请进入音乐班！"

2011年秋天，市立交响乐团甚至邀请180位正在念小学音乐班的十一岁孩子同台演奏与合唱！其中一位女孩艾伦就说："作为市立交响乐团的教子女，我好幸运可以在十一岁时就在音乐厅演奏！"正在参与项目的家长们也有很正面的体验，有人因此在日常生活中开始寻找其他音乐活动；有人感谢音乐会让对古典音乐不熟悉的自己也能带孩子一起欣赏；有人则沉浸于由颜色、光线、音乐、律动、视觉共同创造出的美感氛围。其中一位家长就说："平常动不停的孩子，完全被吸引住，当定音鼓声响起时，我看见他深吸一口气。我看见，在音乐会的时光里孩子跟着音乐在呼吸。"

❶——音乐教育日的活动由赫尔辛基市交团员为 1～4 岁的孩子演奏，安妮卡表示，这其实就是一场"玩具熊音乐会"

❷——让小朋友轮流试弹管风琴

❸——同一天，在音乐厅的另一个场地还有管风琴音乐游戏课

❹——父母带着幼儿们围着乐团坐成一圈欣赏表演

❺——音乐厅的走廊，让孩子们亲身接触和认识真正的乐器

❻——赫尔辛基最新的音乐厅在这一天摆满推车

音乐教育网络继续延伸

赫尔辛基市立交响乐团的音乐教育也从教子女项目开始延伸到青少年音乐会。至今已经连续五年与全市九个音乐学校合作，让五年级的孩子每年与交响乐团共同演出。然而，他们学乐器的时间通常还不长，该如何跟交响乐团演出呢？"我们总会找到方式，找到适合他们能力演奏的片段，让他们共同参与。"安妮卡说。

此外，他们也定期在交响乐团晚间正式演出之前，让6-19岁的音乐学校学生在音乐厅进行名为"小小的前奏"音乐会，之后老师和学生都可以免费欣赏正式演出。

"为什么你们这么鼓励孩子从小就参与交响乐团的活动呢？"

"我们在教育下一代的听众，这是我们的责任。"

这样的长期"教育"是否有其成效？如今市立交响乐团的每一场音乐会都有大约93%的座位售出、教子女项目中出来的孩子特别乐于申请音乐学校。从这两个事实来看，这项教育的效果十分显著。

这样一个音乐项目也让我明白一个事实：对芬兰人而言，"学龄前的孩子"不只是一个统称而已。就像音乐游戏课一样，0~7岁快速成长中的孩子各有不同专注力、活动力和发展需求，可以与音乐建立不同深浅的关系。能够如此用心地针对年纪来规划音乐会与工作坊的内容，让人看到芬兰人在幼儿音乐教育上的细致用心与长期规划的系统性和持久性。这样的做法，既让人感动也值得深思。

芬兰幼儿音乐教育的秘密

三年多来，与阿雷一起参加各式音乐活动的体验常让我既惊艳又感动，我很想知道为什么芬兰可以给幼儿提供这么丰富自然的音乐环境，综合自己的体验观察和访谈我得到了以下结论。

以人为本的幼儿音乐教育

首先应该归功于这个国家对孩子如此重视并充满善意，并真心相信"以人为本"的理念是教育的唯一路径。从音乐师资的培育到婴幼儿音乐教育的规划都是如此。

我曾在报纸杂志上看到这样一句话："应该没有任何国家像芬兰一样有如此全面性的幼儿音乐教育系统。"我想"全面性"指的是整个社会的音乐网络既深且广，政府在各地广设音乐学校，大城小镇都有婴幼儿的"音乐游戏课"，让音乐扎根全国。所谓的幼儿音乐教育，并不是要孩子很小就学习某样乐器，而是让音乐成为每个孩子都拥有的感官体验，进而打开一扇生命的窗。有趣的是，哪怕最初的目的不在培养音乐家，然而从根做起，将音乐纳入教育的思考模式，却真正培养出无数懂得欣赏高质量音乐的普通人和对生活与音乐有丰富敏锐度的音乐人。

高水准的音乐教育师资

西贝柳斯音乐学院音乐教育系教授索莉·贝琪曾表示："芬兰的幼儿音乐教育系统之所以独一无二，是因为我们比别人都更早开始让孩子从婴儿时期就有机会接触音乐。另外，我们已经花了25年以上的时间培养专攻幼儿音乐教育并有学士或硕士学位的音乐老师，他们真心热爱他们的工作，也以身为幼儿音乐教师为荣。"

芬兰很早就开始培育幼儿音乐教育的人才。1971年起，西贝柳斯音乐学院的在职进修就包括幼儿音乐教育；1987年起，各地音乐学院开始培育专门的幼儿音乐教师；19世纪90年代末，幼儿音乐教师的师资培养转由技术大学接手。这些带领幼儿音乐游戏课的老师们都必须经过四年半以上的专门训练，拥有音乐教育的学士或硕士学位并且主修幼儿音乐教育。

一如几年前让人称道的芬兰PISA教育成就，高水平的老师是成功的最重要因素之一，这一点在幼儿音乐教育上也是成立的。有着教学热情的音乐教师们甚至常志愿进修。我想起索利·贝琪教授在访谈中告诉我的一句话："音乐老师们常自愿花闲暇时间进修，他们并不会因此增加薪资收入，唯一让他们愿意这么做的原因只有一个：真心热爱音乐教学！"

长期务实的"播种"

芬兰人非常务实，无论做什么事情都喜欢做长期规划，尽管一开始可能看似"慢"了点，然而长期而言，反倒让每一个计划都可以用踏实的步调逐步完成。

正如我很欣赏的李坤珊老师在《带你长大》一书中所说的："生命中所有重要的事情都无法速成。"我想芬兰人一定深谙此理，所以他们可以花至少四五年的时间培育一名幼儿音乐教育的师资；可以花七年的时间，让交响乐团慢慢陪着婴幼儿长大。

"从根做起"普及幼儿音乐教育与追求快又有效率的精英培育模式不同，孩子得以从耳濡目染中感受音乐带来的快乐，哪怕"进音乐班""上小学"的时间也许比其他国家的要晚，培养出来的却是有强烈动机、全身心都在音乐环境下自然成长的孩子。

种子也许芽发得晚，根却扎得更深，累积了更多的生命能量在其中，哪怕将来不走音乐之路也能成为最能欣赏音乐的爱乐者，让音乐真正成就生命的富足。

多元化、平等的价值观

芬兰人强调平等权。每个人都有权利享受音乐的概念从项目的实行上就看得出来。比如教子女项目，一开始就把音乐会带到城市的不同角落，音乐会组织也特别致力于让小城市的孩子每年都有机会听到一场音乐会。

作为一个移民渐多的国家，这些项目和组织也努力思考着如何用音乐让多元化的过程可以更平稳。许多音乐游戏课的概念甚至常被运用在帮助弱势家庭或移民的项目中。

音乐不再只是目的，也是让人们的生活更美好、社会更和谐的途径。

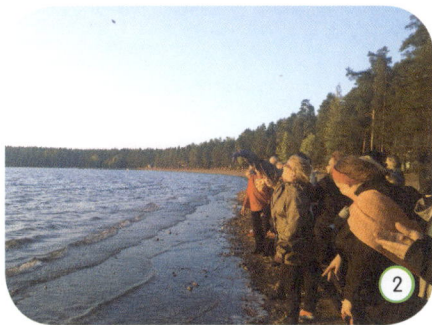

1 —— 在工作坊中即兴合奏，尝试各民族不同乐器直到深夜的音乐老师们

2 —— 在海边一起唱歌，轮流丢出石头的音乐老师，这也是进修工作坊的一部分

信任是创建广大合作网络的基础

许多创举一开始总是来自某些人的创意，然后申请经费、寻求政府与相关组织的支持，最后在政府部门和民间组织的合作下，终于开花结果。

索莉·贝琪教授告诉我，芬兰幼儿音乐游戏课的初始就是由一群热情的人发起的。他们在19世纪60年代到欧洲吸收最新的幼儿音乐教育知识带回芬兰，并实践在教育环境中。如今，音乐老师们更通过各种非政府组织持续进修。"你知道的，芬兰的非政府组织多得不得了！"

的确，由芬兰前国会议员泰帕尔所著的《芬兰的一百个社会创新》一书中就写道："芬兰是'非政府组织的天堂'，约有八九万个登记有案的非政府组织，80%的人口参与其中，无论动机为何都让人们自然而然地成为主动的社会成员，也让对某些事物有热情的人能同心协力合作达成目标。"这也让人看到芬兰人的价值观：被鼓励勇于成为自己、追求理想并且寻找志同道合的伙伴一起努力，同时，人与人之间有相当高的信任度，乐于彼此分享合作，最终得以将不可能化为可能。

而音乐，或许就是其中最显著的例子之一。

不忘传统，努力创新

我总是看见传统乐器和传统文化在现代生活中无所不在。

幼儿得以在音乐游戏课里尝试康特拉琴，教子女项目的古典音乐向导手中也拿着康特拉琴。传统一直陪伴孩子一起成长，而这背后又有组织与企业的善意存在。

十几年前，一间名为Koistinen的公司见到康特拉琴的传统逐渐流失，于是开始生产制造价格便宜、体积小、孩童也可以使用的康特拉琴，并且推广到学校。2013年，甚至还将康特拉琴推广到幼儿园！阿雷的幼儿园里也有好几把康特拉琴，于是传统的古琴于现代再度生根，并成为音乐游戏课中五岁孩童就可以学习的乐器，一些小学生甚至曾组团用古琴演奏摇滚乐曲。

传统就这样融入现代并再次获得新生。传统，指的不只是民族乐器，还包括前文中提到的古典音乐大师西贝流士和著名的卡雷瓦拉诗歌。

"这一切都是环环相扣的。"当我问起为什么芬兰能提供如此多元化又丰富的音乐环境给幼儿时，"音乐会中心"的负责人卡里这么回答。

是的，一切都环环相扣。基本的价值观、做事的态度与方式、政府部门与民间组织之间的彼此合作，整个社会也习惯于将创意进行长期规划，具体落实，并且珍视自己的传统，不断从中汲取养分、重新创造，一点一滴地环环相连就为孩子创造出了丰富又多元化的音乐环境。

这，大概就是芬兰幼儿音乐教育的秘密。

❶——音乐老师们自己安排组织进修的工作坊一景
❷——音乐老师们在进修时进行各种创新尝试

图书在版编目 (CIP) 数据

做孩子想要的妈妈／涂翠珊著．—北京：北京联合出版公司，2016.11

ISBN 978-7-5502-8169-1

I.①做… II.①涂… III.①儿童教育－家庭教育 IV.①G78

中国版本图书馆CIP数据核字（2016）第158394号

著作权合同登记号：图字：01-2016-5703

原文书名：教養可以這麼自然

原作者名：涂翠珊

本书通过四川一览文化传播广告有限公司代理，经台湾远足文化事业股份有限公司（自由之丘文创事业部）授权出版中文简体字版本。

做孩子想要的妈妈

图书策划：日照图书（www.rzbook.com）　　责任编辑：孙志文

特约编辑：鹿　瑶　　　　　　　　　　　　美术编辑：吴金周

封面设计：何　琳　　　　　　　　　　　　版式设计：吴金周

北京联合出版公司出版

（北京市西城区德外大街 83 号楼 9 层 100088）

北京艺堂印刷有限公司印刷　新华书店经销

710毫米×1000毫米　1/16　13印张

2016年11月第1版　2016年11月第1次印刷

ISBN 978-7-5502-8169-1

定价：39.90元